KB167951

주식, 나는 대가처럼 투자한다

copyright ⓒ 2020, 강영연·최재원
이 책은 한국경제신문 한경BP가 발행한 것으로
본사의 허락 없이 이 책의 일부 또는 전체를 복사하거나
전재하는 행위를 금합니다.

주식,
나는 대가처럼
투자한다

강영연 · 최재원 지음

한 권으로 익히는 월가의 전설 10명의 투자원칙과 실제 활용방법

한국경제신문

일러두기

1. 이 책에 활용된 데이터는 2002년 4월 1일부터 2020년 3월 31일까지를 기준으로 하였습니다. 한국과 미국 분석 사례 모두 동일합니다. 또한, 수익률 계산 시 편입된 종목들 모두 동일 비중 편입을 가정하였습니다. 동일 비중 방식은 포트폴리오에 포함되는 종목들의 비중을 시가총액에 따라 가중한 것이 아니라, 모든 종목이 동일한 비중을 차지하고 있음을 의미합니다.

2. 전략별 성과의 연도별 수익률을 나타내는 경우, 전체 데이터 분석 기간 중에서 한 해의 전체 기간을 포함하지 못하는 2002년(4월 1일~12월 31일)과 2020년(1월 1일~3월 31일)은 표시하지 않았습니다.

3. 2020년 3월 말(2019년 회계자료를 이용) 새로 반영된 편입 종목에 대한 수익률 및 시가총액 등의 수치는 2020년 4월 초를 기준으로 합니다.

4. 각 전략의 누적 성과를 보여주는 차트의 y축은 로그 변환을 통해 조정된 수치입니다. 결괏값을 로그 변환하는 이유는 장기 시계열 자료를 살펴보는 경우(우상향하는 특성을 지닌 경우) 시간이 흐름에 따라 누적되는 값이 커지면서 같은 비율의 변화라도 초기보다는 후기 변화의 변동폭이 더 커지기 때문입니다.

   예를 들어, 코스피지수가 1000포인트에서 10% 하락하는 것과 2000포인트에서 10% 하락하는 것은 동일한 비율의 하락이지만 그 차이는 각각 100포인트와 200포인트로 다르게 계산됩니다. 이런 경우 그래프 값을 선형이 아니라 로그 스케일로 변환함으로써 '절댓값의 수준' 차이에서 오는 변화가 아닌 비율의 변화를 확인할 수 있게 만들 수 있습니다.

5. 이 책에 쓰인 내용은 블룸버그에서 제공되는 기업 데이터를 기반으로 계산한 결과입니다.

6. 이 책은 〈한국경제신문〉에서 2019년 3월 12일부터 10회에 걸쳐 연재된 '변동성의 시대: 대가에게 길을 묻다' 시리즈를 기반으로 했습니다. 기사에서 사용된 방법론을 활용하되 새롭게 발표된 2019년 실적 등을 반영해 업데이트했습니다. 해외 주식에 대한 관심이 높아지고 있음을 고려해 미국 시장에 관한 내용도 새롭게 추가했습니다.

   책에서 선정한 종목들은 2019년 실적을 기준으로 대가별 전략을 적용하여 분석한 결과입니다. 책의 내용은 신뢰할 만한 자료 및 정보로부터 얻어진 것이지만, 그 정확성이나 완전성은 보장할 수 없습니다. 책의 내용은 참고 사항일 뿐 모든 투자 결정과 책임은 투자자 본인에게 있다는 점을 명심하시기 바랍니다.

대가들의 투자 전략, 코스피에서도 통할까?

바람 잘 날 없는 요즘입니다. 2019년 미국과 중국 간의 무역분쟁에 이은 일본의 수출 규제로 글로벌 공급망이 큰 타격을 받았습니다. 이 같은 갈등이 좀 잠잠해지나 싶었는데 코로나바이러스감염증-19(코로나19)라는 대형 악재가 글로벌 증시에 충격을 줬습니다. 한국 증시도 크게 출렁였습니다. 2020년 초 2300선을 넘보던 증시는 한때 1400선까지 내려갔습니다. 하락세는 2008년 금융위기 때보다 더 가팔랐습니다. 외국인 투자자들은 주식시장에서 서둘러 자금을 회수했습니다. 코로나19 직후 한 달간 13조 원이 넘는 주식을 내다 팔았습니다.

시장이 급변하는 가운데 주식시장에 관심을 갖는 개인 투자자들이 부쩍 늘었습니다. '동학개미'라고 불리는 이들은 외국인 투자자들이 팔아 치우는 우량 주식들을 사 모으고 있습니다. 일부 증권사는 고객이 몰려 식사를 할 수 없을 정도라고 하소연하기도 합니다.

동학개미들은 1997년 외환위기, 2008년 글로벌 금융위기 등 과거의 경험을 반추하고 있습니다. 당시 세상이 금방이라도 망할 것 같았고 주식시장도 급락했지만, 결국 세상은 제자리를 찾았고 주식시장도 반등했습니다. 모두가 두려워할 때가 바닥이라는 사실을 학습해 알고 있는 것입니다. 지금을 10년 만에 돌아온, '부자 될 기회'라고 생각하는 투자자들도 많습니다.

그런데 정말 그럴까요? 사실 최근 반등이 일어나고 있지만 상승 흐름이 이어질지 다시 하락곡선을 그릴지 예측하기는 쉽지 않습니다. '상고하저(상반기에 상승, 하반기에 정체 또는 하락)'를 예상하던 증권사들은 일제히 전망치를 수정했습니다. 누구도 믿을 수 없는 상황입니다. 동학개미들이 사들인 삼성전자 같은 주도주의 상승세가 이어질지 걱정도 커집니다.

하지만 마땅한 대안은 보이지 않습니다. 일부 개미는 다시 테마주 등으로 눈길을 돌리고 있습니다. '한탕'을 노리며 인버스 · 레버리지 상장지수펀드(ETF)에 투자하는 개미들도 많습니다. 누구는 상승에, 또 누구는 하락에 베팅한 셈입니다. 과연 이번 장의 승자는 누가 될까요.

돌이켜 생각해보면 미래가 확실했던 적은 한 번도 없었습니다. 하지만 시장이 어떤 환경을 맞이하더라도 그곳에서 살아남은 이들은 늘 있었습니다. 그들의 방법론을 참고한다면 더 많은 개인 투자자가 성공적인 투자를 할 수 있지 않을까요? 변동성과 불확실성이 커지는 지금, 세계적 구루들의 방법론을 소개하려는 이유입니다. 치

열한 주식시장에서 사용할 수 있는 좋은 무기를 개인 투자자들에게 쥐여드리고 싶었습니다. 주로 미국이 활동무대인 이들의 전략을 한국 증시에 접목했을 때 과연 성공적일지에 대한 궁금증도 있었습니다. 펀드매니저들을 만나면 이런 얘기를 많이 듣습니다.

"미국 시장이라 그렇게 성과가 좋은 거죠. 한국처럼 변동성이 크고 안 오르는 시장에선 구루들도 별수 없어요."

그 말이 맞을까요? 만약 세계적인 구루들이 한국에서 투자했다면 어떤 결과를 냈을지 궁금하지 않으신가요?

이 책에서는 가치투자, 모멘텀 투자, 배당주투자 등의 투자 전략을 수립했거나 그 원칙을 가장 충실히 수행했다고 평가받는 세계적 구루 10명을 뽑아 그들의 전략을 정리했습니다. '오마하의 현인'으로 불리며 장기투자, 가치투자를 원칙으로 삼는 워런 버핏(Warren Buffett)이 대표적입니다. 그는 저평가된 성장주에 투자하는 방식을 고수함으로써 주식투자에 관한 한 세계적 구루로 인정받고 있습니다. 그가 운영하는 버크셔 해서웨이는 수십 년간 시장 수익률을 웃도는 성과를 내고 있습니다.

버핏의 스승이자 가치투자라는 개념을 만들어낸 벤저민 그레이엄(Benjamin Graham)도 있습니다. 그의 투자법은 '극단적 저PBR 전략'으로 불립니다. 회사가 가진 자산가치에 비해 주가가 저렴한 종목을 사서 오르기를 기다리는 방식입니다.

역사상 가장 위대한 펀드매니저로 꼽히는 피터 린치(Peter Lynch)도 빼놓을 수 없겠죠. 그는 'GARP(Growth at a Reasonable Price) 전략'을 사용한 것으로 유명합니다. 성장하는 기업을 합리적인 가격에 사라는 것입니다.

마법 공식의 창시자인 조엘 그린블라트(Joel Greenblatt)는 회사의 자본수익률과 이익수익률 두 가지만으로 시장을 웃도는 성과를 낼 수 있다고 했습니다. 데이비드 드레먼(David Dreman)은 이성적이지 못하고 언제나 과잉반응하는 시장과 대중의 특성을 고려한 역발상 투자를 강조했습니다. 켈리 라이트(Kelley Wright)는 배당주투자를 강조하며, 배당수익률을 통해 적정한 가격을 판단해 투자할 수 있다고 했습니다.

게리 안토나치(Gary Antonacci)와 제시 리버모어(Jesse Livermore)는 각각 듀얼 모멘텀, 절대 모멘텀 전략으로 달리는 말에 올라타는 방식의 투자법을 활용했습니다. 기금 운용계의 일인자인 데이비드 스웬슨(David Swensen)은 한 나라 주식에 올인하는 방식보다는 선진국 주식, 신흥국 주식, 채권 등에 나눠 투자하는 자산배분 전략을 강조했습니다. 캔슬림(CAN SLIM) 전략을 창안한 윌리엄 오닐(William J. O'Neil) 은 오르는 주식을 가장 좋은 타이밍에 사는 것이 중요하다고 말했습니다.

대가들이 직접 남긴 저작물과 그들에 대해 쓴 책을 참고하여, 이 책만 봐도 그들의 전략과 투자 원칙을 알 수 있도록 설명했습니다. 그 전략을 한국 증시에 접목한다면 성과가 어땠을지 살펴보고, 한국 시장에서 관심을 가질 만한 종목도 선별해봤습니다. 최근에는 국내 투자자들이 미국 주식시장에 관심을 많이 보이고 있습니다. 이 점을 고려해 미국 시장에도 전략을 적용해보고, 전략별로 적합한 종목을 추려봤습니다.

대가들의 전략을 무조건 따라야 한다는 뜻은 아닙니다. 실제 백테스트를 진행한 결과 시장 수익률을 밑도는 전략도 있었습니다. 대가들 역시 '생각하는 것을 아웃소싱해서는 안 된다'라며 전문가의 말에 속지 말라고 조언했습니다.[1] 다만 거친 변동성의 파도가 몰아치는 시장에서 '거인의 어깨'에 올라탄다면 좀더 먼 곳을 바라볼 수 있지 않을까요? 이 책을 통해 개인 투자자들이 투자 구루들의 전략을 알고 따라 하는 것에서 더 나아가, 미스터 마켓(Mr. Market, '시장'을 의인화한 표현)의 변덕에 휩쓸리지 않을 자기만의 기준을 수립할 수 있을 것으로 기대합니다.

1장

오마하의 현인,
워런 버핏

Warren Buffett
Benjamin Graham
Peter Lynch
Joel Greenblatt
David Dreman
Kelley Wright
David Swensen
Gary Antonacci
Jesse Livermore
William J. O'Neil

10년을 바라볼 주식이 아니면 10분도 소유하지 마라.

워런 버핏

📈 떡잎부터 달랐던 투자 구루

'오마하의 현인'으로 불리는 워런 버핏 버크셔 해서웨이 회장은 한국에서 가장 잘 알려진 투자 구루다. 그가 주장하는 가치투자, 장기투자 원칙은 주식투자자 대부분이 잘 알고 있다. "10년을 바라볼 주식이 아니면 10분도 소유하지 마라" 등 그의 어록도 유명하다.

1930년 네브래스카 오마하에서 태어난 버핏은 아주 어릴 때부터 투자에 두각을 나타냈다. 일곱 살 때 코카콜라를 이웃들에게 판매한 일화, 누나와 함께 주식을 산 일화 등은 널리 알려져 있다. 버핏은 네브래스카대학교 링컨 캠퍼스를 졸업한 후 컬럼비아대학교 경영대학원에 들어가 벤저민 그레이엄의 수업을 들으며 가치투자에 눈을 떴다. 졸업 후 그레이엄의 회사에서 일하고자 했지만 '퇴짜'를 맞고 고향으로 돌아와, 주식 중개인인 아버지 회사에서 일했다. 1954년에 그레이엄 회사에서 일하게 되지만, 그레이엄이 은퇴하면서 불과 1년 만에 고향으로 돌아와야 했다.

고향에 돌아온 그는 1956년 생애 첫 투자회사인 '버핏투자조합'

을 설립했다. 그의 나이 스물여섯 살이었다. 투자조합을 시작하기 전에도 약 10만 달러를 가지고 개인 투자를 했는데, 당시 버핏은 자신이 너무나 큰 부자가 돼 장래에 태어날 아이들이 방탕하게 살지 않을까 걱정했다고 한다.[1] 세계 최고 부자는 떡잎부터 달랐던 셈이다. 그는 1969년까지 조합을 운영하며 연평균 29.95%의 수익률을 올렸다.[2] 그리고 이듬해인 1970년 버크셔 해서웨이의 의장이자 최고경영자로 취임했다.

버핏은 시장을 단기적으로 예측하려는 사람들을 '투기꾼'이라고 불렀다. 유가나 환율 등을 활용해 시장 움직임을 예상하는 것이 불가능하다고 생각했으며, 내재가치에 비해 저평가된 주식을 사서 장기 보유하는 방식을 따랐다. 버크셔 해서웨이는 이 같은 방식으로 1964년부터 2018년까지 연환산 18.9%의 수익률을 기록했다.

📈 오래 보유해 복리효과를 누려라

버핏은 언론 인터뷰와 주주총회 질의응답, 주주들에게 보내는 서한 등을 통해 다양한 투자 방법론을 설파했다. 그가 가장 강조한 것은 장기투자와 복리효과였다. 1965년 1월 주주들에게 보낸 서한에서는 미국 인디언이 1626년에 맨해튼섬 판매대금으로 받은 24달러를 연수익률 6.5% 펀드에 투자했다면 338년이 지난 현재 420억 달러

(약 47조 6,154억 원)로 늘어났을 것이고, 만약 0.5%를 더 받아 연 7% 수익률이었다면 현재가치는 2,050억 달러가 됐을 거라고 설명했다. 그는 '장수'를 강조하기도 했다. 오래 사는 것은 장기투자를 할 수 있는 기본이 되는 자산으로 높은 복리효과를 기대할 수 있기 때문이다.

주식투자자들에겐 인내심과 원칙이 중요하다고 강조했다. 주식 가치가 20~30% 이상 떨어질 수 있다는 점을 명심해야 한다면서, 그 상황이 감정적으로나 재정적으로 고통이 된다면 주식투자를 하지 않는 편이 낫다고 조언했다.[3] 또 그런 상황에서도 각자 세운 기준을 절대 바꾸지 말라고 조언했다.[4]

버핏은 또 "작년에 좋았던 주식이 올해도 좋은 수익을 보장하진 않는다"라고 했다. 그는 직전 연도의 수익률보다는 매해 실적과 자산가치 등을 분석했다. 이는 한국 개인들의 투자 행태와 다른 모습이다. 2002년 이후 매년 개인 투자자 매수 상위 종목을 보면 전년도 수익률이 좋았던 종목을 담는 모습이 두드러졌다. 예를 들어 2015년 개인 순매수 상위 20개 종목 중 수익률 1위였던 호텔신라(14.1%)는 2016년 순매수 상위 4위에 올랐다. 수익률은 −31.7%였다. 2011년 83.5%의 수익을 냈던 제일모직도 다음 해에는 15.7% 하락했다.

버핏은 직접 종목을 선정해 펀드를 운영하지만 지수에 투자하는 인덱스펀드에 대해서도 긍정적인 태도를 보였다. 주식투자를 통해 고통을 얻기보다는 차라리 지수에 투자하라고 조언했다. 그는 시장 지수는 투자자들이 상대해서 이겨내기에 쉽지 않은 경쟁자라고 말했다.[5] 또 자신이 죽으면 유산이 아내에게 갈 텐데, 유산 관리자에게 90%를 인덱스펀드에 넣으라고 할 것이라는 말도 했다.[6]

버핏은 2008년 버크셔 해서웨이 주주총회에서 한 전업 투자자가 투자 방법을 묻자 "대형 강세장에 매수하지만 않으면 장기적으로 인덱스펀드의 수익률이 채권보다 높을 것"이라며 "인덱스펀드에 묻어두고 일터로 돌아가라"라고 조언했다.[7]

헤지펀드보다 인덱스펀드가 낫다고도 했다. 버핏은 누군가가 선택한 헤지펀드 5개의 수익률과 뱅가드 S&P500 인덱스펀드의 수익률을 비교하는 내기를 했다. 그는 엄청난 보수를 받는 사람들이 운용하는 헤지펀드보다 운용을 거의 하지 않는 인덱스펀드의 수익률이 높을 것으로 예상했고, 그 예상은 맞아떨어졌다. 버핏은 지금도 똑같은 내기에 응할 생각이 있다며, 펀드매니저 등에게 막대한 비용을 내고 적극적으로 운용하는 것보다는 단순하고 지루해 보이더라도 기다리는 방식이 장기적으로 더 효과적일 수 있다고 강조했다.[8]

고액 투자자에게는 세금을 생각하느라 투자 수익률을 놓치지 말라고 조언했다. 세금을 줄여준다는 펀드에 투자하는 것보다는 수익률을 높여주는 데 집중하는 것이 '손에 쥐는 현금'을 늘릴 수 있다는 뜻이다. 그는 투자자의 목적은 세금을 적게 내는 것을 궁리하는 것이 아니라고 강조했다. 세금을 납부하는 것은 성공한 투자에 대한 논리적 결과라는 얘기다.[9]

버핏은 공모주에 대한 투자도 말렸다. 그는 매력적인 공모주는 이미 기관 투자가와 대주주가 선점하고, 시장에 나온 것은 그만큼 가치가 떨어진다고 지적했다. 특히 발행시장은 지배주주와 기업들이 주도하는데, 이들은 공모 시점을 선택할 수 있으므로 시장이 과열돼 높은 가격을 받을 수 있다고 생각할 때만 주식을 처분하려고 한다고 꼬집었다.[10]

📈 아는 사업에 투자해야 적정 가격을 판단할 수 있다

증시 변동성이 커질 땐 흔들리지 않는 투자 원칙이 중요하다. 장기 투자자라면 '좋은 주식이 싸게 거래될 때 산다'라는 버핏의 가치투자 기본만 지켜도 성과를 낼 수 있을 것이다.

버핏의 투자 전략은 '명확하고, 쉽게 따라 할 수 있다'는 평가를 받는다. 그의 원칙은 한마디로, 높은 수익을 내고 있지만 저평가된 기업에 투자하는 것이다. ROE가 높고, PBR은 낮은 주식을 사는 식이다.

그의 단순한 전략은 오랜 기간 좋은 성과를 기록해왔다. 버핏은 1964년에 투자회사 버크셔 해서웨이를 설립했고, 이후 20%에 가까운 주당순자산 증가율을 달성하며 명성을 이어오고 있다. 애플, 아메리칸 익스프레스 등에 선제적으로 투자한 일화는 잘 알려져 있다.

버핏이 강조한 또 한 가지가 바로 '경제적 해자'다. 경제적 해자란 한 산업에서 그 기업이 가지는 경쟁우위를 뜻한다. 시장에서 이미 높은 평가를 받고 있다고 하더라고 경쟁우위를 갖추고 진입장벽이 높은 기업이라면 투자할 만하다는 것이다. 2010년 중국의 BYD에 버크셔 해서웨이가 투자한 것이나 2019년 아마존에 투자한 것 역시 이들이 해자를 갖추고 있다고 판단했기 때문이라는 분석이 나온다.

참고로 버핏은 아마존을 더 빨리 매수하지 못한 것을 아쉬워하며 아마존에 대한 투자 역시 가치투자라고 강조했다. 그는 저PBR, 저 PER 등의 종목만 사는 것만이 가치투자가 아니라며 앞으로 가치가 더 오를 것으로 예상되는 기업에 대한 투자는 모두 가치투자라고 말했다.[11]

버핏을 이해하는 데 중요한 개념 중 하나로 '능력 범위'를 꼽을 수 있다. 위대한 투자자로 손꼽히는 버핏이지만 모든 기업을 알고, 그 사업을 분석하고 주가를 매입할 수는 없다는 한계를 인식했다. 이 때문에 아마존에 대한 결정을 버핏이 아닌 그의 후계자들이 했을 것이란 분석도 나온다.

어쨌든 버핏은 시장에서 바이오가 주목받는다고 해도 투자자 자신이 기술을 이해하고 기업을 분석할 수 없다면 그 주식에는 투자해선 안 된다고 말한다. 정확히 알지 못하는 상태에서 투자하면 어느 가격이 적절한지 판단할 수 없기 때문이다. 다만, 투자자들이 모든 기업을 알고, 평가할 수 있어야 하는 것은 아니라고 했다. 대신 중요한 것은 능력 범위를 키우는 것이 아니라 자신의 능력 범위를 정확하게 파악하는 것이라고 설명했다.[12]

📈 버핏 전략, 한국 증시에서도 통할까?

버핏 종목의 수익률 450.16%는 데이터 분석이 가능한 2002년부터 전년도 사업보고서가 나온 뒤 매년 4월 초 해당 종목들로 교체했다고 가정했을 때의 결과다. '버핏 종목'은 코스피200(KOSPI200) 편입 종목 중 다음의 조건을 모두 충족하는 종목이다.

- 260일 주가 변동성 하위 50%
- PBR 하위 50%
- ROE 상위 50%

〈도표 1-1〉 워런 버핏 vs 코스피200: 세부 지표

(기준 시점: 2020.3.31.)

지표	워런 버핏	코스피200
수익률		
총수익률	450.16%	201.44%
연평균 복리 수익률(CAGR)	9.93%	6.32%
최대 수익률	10.15%	12.23%
최소 수익률	−12.17%	−10.33%
최대 손실폭	−58.09%	−52.41%
최대 손실폭 기간	560일	271일
최대 증가	1,406.76%	568.79%
위험		
표준편차(연간화)	19.20%	21.57%
위험/수익률		
샤프비율	0.62	0.40

용어 설명

- 260일 주가 변동성: 일간 수익률의 변동성을 연간화한 것.

- PBR(Price to Book-Value Ratio, 주가순자산비율): 주가와 자산의 가치를 비교해 주식이 고평가 상태인지 저평가 상태인지를 평가하는 지표다. 주가를 주당순자산으로 나누어 구하며(주가/주당순자산), 이때 주당순자산은 '(총자산 - 총부채)/발행주식수'다. 배수가 낮을수록 기업의 성장력, 수익력이 높음을 나타낸다. 순자산은 회사가 망했을 때 총자산에서 부채를 상환하고 남은 자산을 뜻하므로, 순자산이 큰 회사는 그만큼 재무구조가 튼튼하고 안정적이라고 평가할 수 있다. PER(주가수익비율)이 기업의 수익성과 주가를 평가하는 지표라면, PBR은 기업의 재무상태 면에서 주가를 판단하는 지표다.

  'PBR이 1 이하'라는 것은 회사를 청산했을 때의 가치보다 주가가 낮다는 뜻이다. 실제 가치에 비해 시장가격이 저평가돼 있다고 해석할 수 있다. 가치주에 관심을 갖는 투자자들이 참고하는 주요 지표 중 하나다. 하지만 PBR이 낮다고 무조건 좋은 것은 아니다. 저평가된 데에는 그만한 이유가 있을 수 있기 때문이다. 예를 들어 향후 수익을 낼 가능성이 크지 않은 산업에 속한 기업이거나, 경쟁사에 비해 비교우위를 갖추지 못한 기업도 PBR이 낮을 수 있다. 특히 무형자산의 가치가 커지는 시대에 유형자산을 기준으로 측정하는 PBR이 낮은 것이 꼭 매력적인 것은 아니라는 해석도 나온다. 성장주 투자자들은 PBR이 낮은 종목을 미래 성장성이 없다며 투자하지 않기도 한다.

- PER(Price to Earnings Ratio, 주가수익비율): 현재 주가를 EPS(주당 순이익)로 나눠 구한다. 주식 1주가 1년 동안 벌어들인 수익을 의미한다. 예를 들어 PER이 2배라는 건 2년이면 주가만큼의 수익을 낼 수 있다는 뜻이다. PER이 높다는 것은 기업의 수익력에 비해 주가가 높다(고평가)는 것을 의미하며, PER이 낮다는 것은 수익력에 비해 주가가 낮다(저평가)는 것을 의미한다. 일반적으로 PER이 10배 정도면 평범한 수준으로 보고, 이보다 낮으면 저평가됐다고 본다. 다만 바이오·게임·화장품 등의 업종은 대체로 PER이 높고, 제조업 등의 PER은 낮은 모습을 보인다. 따라서 PER 배수 자체를 놓고 높으냐 낮으냐를 보는 것보다는 어떤 업종인지를 고려하고, 업종 내에서도 경쟁 기업과 비교해 판단해야 한다.

- EPS(Earnings Per Share, 주당순이익): 해당 사업연도에 발생한 당기순이익을 총 발행주식수로 나눈 것으로, 1주가 1년간 벌어들인 순이익을 의미한다. EPS가 높을수록 투자 가치가 높다고 볼 수 있다.

- ROE(Return On Equity, 자기자본이익률): 기업의 수익성을 나타내는 지표 중 하나로, 주주가 갖고 있는 지분에 대한 이익의 창출 정도를 나타낸다. 예를 들어 자기자본이 1만 원이고, 당기순이익이 1,000원이라면 ROE는 10%다. 1만 원을 투자해 1,000원을 벌었다는 의미다. 투자자 입장에서는 ROE가 시중금리보다 높아야 투자 자금의 조달비용을 초과하는 이익을 낼 수 있다. 3%대의 이자율로 돈을 빌려 투자했다면 이보다 높은 수익률을 내야 한다는 뜻이다.

ROE를 높이기 위해서는 수익성을 증가시키거나, 자산의 활동성(효율성)을 높여야 한다. 같은 자산으로 사업을 하더라도 자기자본보다 부채가 많을수록 레버리지 효과로 인해 ROE가 높아진다. 하지만 부채를 많이 사용하면 부도 발생 위험이 높아지므로 부채비율이 높은 회사의 높은 ROE는 좋은 것이라고 말하기 어렵다. ROE가 비슷한 수준이더라도 회사별로 수익성, 자산의 활동성, 재무위험 등이 다르기 때문에 투자 시 유의해야 한다.

- CAGR(Compound Annual Growth Rate, 연환산 복리 수익률): 연환산 복리 수익률(또는 연평균 복리 수익률)은 전체 투자 기간의 수익률이 매년 평균적으로 얼마나 상승했는지를 살펴볼 수 있는 계산법이다. 식으로 나타내면 '(최종 값/최초 값)$^{(1/투자\ 기간)}$ -1'이 된다.

  예를 들어 100원에 거래되는 A라는 주식을 매수했고 3년 뒤 120원이 되었다고 가정해보자. 이 경우 총수익률은 20%가 된다. 하지만 이를 단순히 투자 기간인 3년으로 나누어 연간 평균 수익률이 6.67%(20%/3)라고 말할 수는 없다. 역산을 해보면 분명히 알 수 있는데, 매수 가격 100원에 3년간 6.67%를 곱하면 121.3원[=100원×(1.0667)×(1.0667)×(1.0667)]이 된다. 이런 결과가 나오는 이유는 복리효과를 고려하지 않았기 때문이다. 주식을 3년간 보유한다고 할 때, 매년 수익이 난 금액만큼이 이후 연도에 재투자된다고 봐야 한다. 따라서 복리 계산법에 따라 6.27%[=(120원/100원)$^{1/3}$-1]라고 해야 한다. 이를 역산해보면 정확히 120원[=100원×(1.0627)×

(1.0627)×(1.0627)]이 된다. 따라서 수익률의 증감 추이를 보다 정확히 표현하기 위해서는 복리효과를 고려한 연환산 복리 수익률(CAGR)을 활용하는 것이 적절하다.

반면 같은 기간에 매년 개인의 순매수 상위 20개 종목에 투자했다면 92.10%의 손해를 봤을 것으로 분석됐다. 100만 원을 투자했다면 8만 원만 남는 셈이다. 개인들은 전년도에 수익률이 높았던 종목을 이듬해에 따라 담는 경향이 두드러졌다. 2002년 이후 18년간(2020년은 3월 말까지) 여섯 번을 제외하고는 모두 손해를 봤다. 이를 연환

〈도표 1-2〉 개인 투자자 vs 코스피200: 세부 지표

(기준 시점: 2020.3.31.)

지표	개인*	코스피200
수익률		
총수익률	−92.10%	201.44%
연평균 복리 수익률(CAGR)	−13.14%	6.32%
최대 수익률	13.89%	12.23%
최소 수익률	−13.69%	−10.33%
최대 손실폭	−96.97%	−52.41%
최대 손실폭 기간	3,233일	271일
최대 증가	377.80%	568.79%
위험		
표준편차(연간화)	28.85%	21.57%
추적오차(연간화)	14.20%	−
위험/수익률		
샤프비율	−0.33	0.40

* 당해 연도에 개인 투자자들이 많이 산 종목 상위 20개에 투자한 경우

산 복리 수익률로 나타내면 −13.14%인데, 같은 기간 코스피200의 연환산 복리 수익률은 6.32%였다.

용어 설명

- 최대 손실폭(Maximum Draw Down), 최대 손실폭 기간: 최대 손실폭(또는 최대 낙폭)은 투자 기간 내에 나타나는 여러 고점과 저점 사이의 하락폭들 중에서 크기가 가장 큰 것을 가리킨다. 투자자가 최고점에서 매수하여 최저점에서 매도하는 최악의 경우를 가늠해 볼 수 있는 지표다. 예를 들어 100원에 매수한 주식 A의 가격이 1년 후 150원, 2년 후 120원, 3년 후 200원, 4년 후 100원이 되었다고 해보자. 이 경우 연간 기준으로 하락이 발생한 시점은 1년에서 2년까지의 구간 그리고 3년에서 4년까지의 구간이다. 각각의 하락률은 −25%와 −100%이고, 둘 중 하락폭이 큰 −100%가 최대 손실폭이 된다. 그리고 이 최대 손실폭이 계산되는 시작점과 끝점까지의 기간이 최대 손실폭 기간이 된다. 결론적으로 수익률이 동일한 경우 최대 손실폭이 더 작은 자산이 상대적으로 안정성을 가지고 있다고 평가된다. 참고로 최대 증가, 최대 회수 기간은 이와 반대로 측정할 수 있다.

- 표준편차: 자료의 값이 평균으로부터 얼마나 떨어져 있는지를 나타내는 값으로, 자산의 변동성을 측정할 때 자주 쓰이는 개념이다. '{편차^{2}의 평균}$^{1/2}$'으로 계산한다. 이때 편차는 '수익률−평균'을 가리킨다. 예를 들어 총 5일간 투자할 수 있는 주식 A와 B가 있다고

가정해보자. 주식 A의 일별 수익률이 '5%, 5%, 5%, 5%, 5%'라고 한다면, 일별 수익률의 단순평균은 5%이고 표준편차는 0이 된다. 한편, 주식 B의 일별 수익률이 '10%, 8%, 6%, 4%, 2%, 0%'라고 한다면, 일별 수익률의 단순평균은 주식 A와 마찬가지로 5%이지만, 표준편차는 3.41%가 된다. 일반적으로 위험회피적 성향을 지닌 투자자는 동일한 수익률이 보장된다면 표준편차가 더 낮은 자산을 더 선호한다고 본다(〈도표 1-1〉을 비롯하여 '세부 지표'에 나타난 표준편차의 연간화된 값은 일별 수익률의 표준편차에 연간 영업일 수를 고려해 $\sqrt{251}$을 곱해서 구한다).

- 추적오차(Tracking Error): 포트폴리오의 수익률이 벤치마크 수익률을 얼마나 잘 추적하고 있는지를 나타내는 지표다. 주로 인덱스 펀드 혹은 지수 추종 ETF의 성과를 볼 때 자주 쓰인다. 추적오차가 낮을수록 벤치마크의 수익률을 잘 따라가고 있음을 의미한다. 추적오차는 포트폴리오와 벤치마크 자산 간 수익률 차이의 표준편차로 계산된다(〈도표 1-2〉를 비롯하여 '세부 지표'에 나타난 연간화된 추적오차는 '코스피200(벤치마크)' 대비 '분석 대상 투자전략'의 일별 초과 수익률 표준편차에 연간 영업일 수를 고려해 $\sqrt{251}$을 곱해서 구한다).

- 샤프비율(Sharpe Ratio): 윌리엄 샤프(William F. Sharpe)가 고안한 위험 조정 성과지표로, 다양한 자산 또는 펀드 간의 성과를 비교하는 데 사용된다. '(자산 수익률 – 무위험자산 수익률)/(자산 표준편차)'로 계산되며, 한 단위의 위험에 투자해서 얻을 수 있는 초과 수익률의 크기를 의미한다. 샤프비율이 높을수록 투자위험을 감수

하면서도 그만큼 높은 초과 수익률을 달성할 수 있음을 의미하기 때문에 자산의 성과 역시 높게 나타날 가능성이 크다.

모의투자 결과, 당해 연도에 상승한 종목에 투자하는 것보다는 차라리 전년도에 개인 투자자들이 많이 산 상위 20개 종목에 투자하는 것이 나은 것으로 나타났다. 예를 들어 2003년 3월 31일 기준으로 지난 1년 동안(2002.3.~2003.3.) 개인 투자자가 많이 산 종목 상위 20개를 2003년 4월 1일부터 2004년 3월 31일까지 보유하는 것으로 가

〈도표 1-3〉 개인 투자자 vs 코스피200: 세부 지표

(기준 시점: 2020.3.31.)

지표	개인*	코스피200
수익률		
총수익률	44.93%	201.44%
연평균 복리 수익률(CAGR)	2.08%	6.32%
최대 수익률	14.83%	12.23%
최소 수익률	−13.22%	−10.33%
최대 손실폭	−63.43%	−52.41%
최대 손실폭 기간	2,402일	271일
최대 증가	482.28%	568.79%
위험		
표준편차(연간화)	26.60%	21.57%
추적오차(연간화)	12.86%	−
위험/수익률		
샤프비율	0.21	0.40

* 전년도에 개인 투자자들이 많이 산 종목 상위 20개에 투자한 경우

정하는 방식이다. 매년 동일한 방식으로 리밸런싱(rebalancing, 종목 교체)했다면 2002년부터 2020년 3월 말까지 누적 수익률이 44.93%를 기록하는 것으로 나타났다. 그해에 인기가 많은 종목을 따라가는 것보다 전년도에 주목받은 종목을 후행적으로 따르는 것이 투자엔 효과적인 셈이다.

버핏이 주로 투자하는 미국 주식시장은 지난 10여 년간 쉴 새 없이 달려왔다. 이 때문에 한국 증시 전문가들 중엔 '버핏도 한국에 오면 손해를 볼 것'이라고 평가하는 사람이 많다. 미국 시장에만 한정된 투자 기법이라는 박한 평가다.

하지만 버핏의 전략을 토대로 종목을 선정해 모의투자를 한 결과 연간 수익률 기준으로 지난 18년 동안 코스피200지수의 상승

〈도표 1-4〉 **워런 버핏 vs 코스피200: 누적 성과**   (2002.4.=100)

※ 누적 성과는 로그 변환을 통해 조정된 수치

률을 앞선 것으로 나타났다. 금융위기를 겪은 2008년(-35.25%)과 2018년(-12.53%), 2019년(-4.69%)을 제외하고는 연간 1~82%의 수익률을 기록하며 연평균 9.93%의 수익을 냈다. 가장 성과가 좋았던 해는 2005년(82.01%)으로, 코스피200지수의 상승률(56.77%)을 크게 웃돌았다. 2009년(55.09%)과 2007년(49.89%)에도 높은 수익률을 올렸다.

주목할 만한 것은 미래의 실적이 아닌, 이미 발표된 실적을 가지고 종목을 선정했다는 점이다. 누구나 쉽게 접할 수 있는 단순한 기준을 가지고 종목을 선정했음에도 수익률이 코스피200을 크게 넘어섰다.

다만 코로나19로 인한 급락장에서는 성과가 좋지 않은 것으로 나타났다. 2020년 들어 3월 말까지 버핏의 전략으로 뽑은 기업들에

〈도표 1-5〉 워런 버핏 vs 코스피200: 연도별 수익률

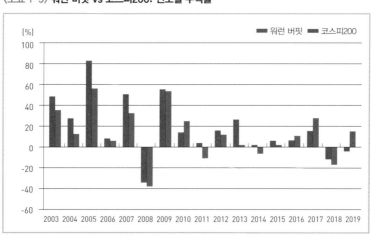

투자했을 때 −33.27%의 수익률을 보이는 것으로 나타났다. 같은 기간 코스피200지수 상승률(-19.36%)을 크게 밑돈다.

📈 2020년 버핏 종목: 금융지주·자동차·식품

버핏의 원칙은 앞서 언급한 세 가지 기준인 260일 주가 변동성 하위 50%, PBR 하위 50%, ROE 상위 50% 모두를 충족해야 한다. 우량주 위주의 코스피200지수에 편입된 종목으로 한정하여 그중에 위 조건을 모두 충족하는 종목을 추렸다.

2002년부터 3월 말 결산 기준 실적을 가지고 매년 4월 1일 리밸런싱하는 것으로 가정했다. 버핏의 전략을 따를 경우 2020년 한국 시장에서 담아야 할 종목으론 NH투자증권·삼성증권·KB금융지주·하나금융지주·우리금융지주·신한금융지주 등 금융회사, 현대모비스·현대글로비스·기아자동차 등 자동차 기업, 롯데푸드·동원F&B·대상·동서 등 식품주가 꼽혔다(〈도표 1-6〉).

버핏의 전략에서는 높은 수익성을 바탕으로 저평가되어 있는 종목에 주안점을 둔다. 그러다 보니 안정적인 실적을 보이는 지주사 및 금융 업종의 비중이 높게 나타난 것으로 분석된다. 특히 금융주는 2020년 상반기 코로나19로 인한 충격이 금융시장 불안에 대한 우려로 작용하면서 저평가 매력도가 더 높아졌다. 안정적 수익을 내고 있는 지주사들이 저평가받고 있기 때문이다. 특히 금융 관련 지

〈도표 1-6〉 워런 버핏의 전략에 따른 국내 증시 편입 종목

종목	ROE(%)	PBR(배)	변동성(260일 기준, %)
HDC현대산업개발	12.58	0.29	40.22
NH투자증권	9.27	0.67	40.16
롯데정밀화학	11.73	0.77	39.98
삼성증권	8.15	0.70	38.37
포스코인터내셔널	7.06	0.75	38.34
KB금융지주	8.91	0.48	38.33
하나금융지주	8.59	0.38	37.88
엘에스일렉트릭	7.82	1.18	37.82
세방전지	7.70	0.50	37.68
현대모비스	7.28	0.74	37.35
현대글로비스	11.25	1.15	37.34
영풍	7.40	0.34	36.91
기아자동차	6.50	0.61	36.71
동원F&B	10.00	1.28	36.66
롯데푸드	6.31	0.95	36.45
우리금융지주	9.56	0.41	35.28
대상	10.76	0.80	33.85
중소기업은행	6.84	0.35	33.76
신한금융지주	9.00	0.51	33.05
휴켐스	10.83	1.24	31.89
고려아연	9.76	1.12	31.56
BNK금융지주	6.75	0.30	31.04
LG유플러스	6.30	0.88	28.05
유니드	9.87	0.58	22.98
동서	10.53	1.28	22.08

※ 일간 수익률 변동성을 연간화함

주사들은 정부 규제에 따른 우려로 주가가 과도하게 하락한 상황으로 볼 수 있다.

휴켐스, 고려아연, HDC현대산업개발 등도 버핏의 기준에 적합한 것으로 나타났다. HDC현대산업개발은 2020년 실적 기준 ROE가 12.58%에 달하지만, PBR은 0.29배에 불과하다.

📈 미국 시장에서의 모의투자 결과

버핏의 기준을 미국 시장에 적용해봤을 때도 우수한 성적을 내는 것으로 나타났다. 우선 미국 S&P500과 나스닥에 상장된 기업 중 시가총액 상위 50% 종목을 추렸다. 그중에서 연간 변동성 하위 35%, ROE 상위 35%에서 PBR 하위 50개 종목을 선택했다. 한국에 적용한 것과 백분위 기준이 다른 이유는 버핏의 실제 포트폴리오와 같이 종목 수를 50개 내외로 맞추기 위해서다.

이 같은 전략을 토대로 종목을 선정해 모의투자를 한 결과 2002년 4월 1일부터 2020년 3월 31일까지, 즉 지난 18년간 S&P500지수의 상승률을 앞선 것으로 나타났다(연간 수익률 기준, 〈도표 1-7〉).

금융위기를 겪었던 2008년(-30.29%)과 2007년(-0.04%), 2015년(-3.53%), 2018년(-8.40%)을 제외하고 연간 4~46%의 수익률을 기록하며 연평균 9.40%(연환산 복리 수익률)의 수익을 냈다. 가장 좋았던 해는 2013년(46.45%)으로, S&P500지수의 수익률(32.39%)을 크

〈도표 1-7〉 워런 버핏 vs S&P500지수: 세부 지표

(기준 시점: 2020.3.31.)

지표	워런 버핏	S&P500지수
수익률		
총수익률	404.16%	223.69%
연평균 복리 수익률(CAGR)	9.40%	6.74%
최대 수익률	10.86%	11.58%
최소 수익률	−11.16%	−11.98%
최대 손실폭	−55.78%	−55.26%
최대 손실폭 기간	369일	369일
최대 증가	759.37%	528.72%
위험		
표준편차(연간화)	19.02%	19.56%
추적오차(연간화)	6.29%	−
위험/수익률		
샤프비율	0.53	0.38

〈도표 1-8〉 워런 버핏 vs S&P500지수: 연도별 수익률

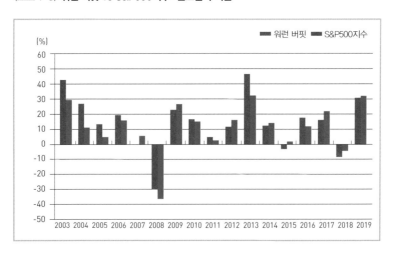

〈도표 1-9〉 워런 버핏 vs 버크셔 해서웨이 vs S&P500지수: 누적 성과

(2002.4.=100)

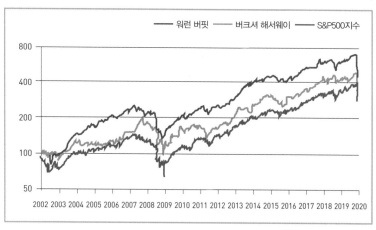

※ 누적 성과는 로그 변환을 통해 조정된 수치

게 웃돌았다. 2003년(42.41%)과 2019년(30.62%)에도 높은 상승률을 보였다.

기업의 규모가 커질수록 주식의 변동성은 낮아지는 특징이 있다. 앞서 제시한 버핏의 전략 기준 중에서 (버크셔 해서웨이의 포트폴리오에 편입된 종목 기준과 유사하도록) 시가총액 규모를 100억 달러 이상으로 변경한 후 '저변동성, 고ROE, 저PBR'의 조건을 만족하는 종목들에 투자한 성과를 살펴보면, 실제 버크셔 해서웨이 주가의 추이와 유사한 흐름을 보인다. 저평가되어 있는 동시에 안정적 수익을 중시하는 버핏의 기준을 확인할 수 있는 대목이다.

편입된 종목들 중에서는 건강관리 업종과 산업재 업종의 비중이 크게 나타났다(실제 버핏의 포트폴리오에서 헬스케어 관련 종목의 비중은 상당히 낮지만). S&P500 내 건강관리와 산업재 업종의 ROE는 각각

〈도표 1-10〉 **워런 버핏 vs 버크셔 해서웨이: 누적 성과**

(2002.4.=100)

워런 버핏(시총 100억 달러 이상) ——— 버크셔 해서웨이

※ 누적 성과는 로그 변환을 통해 조정된 수치

18%와 21.9%로 S&P500 전체 평균인 15.7%보다 높게 나타나면서 시장 대비 수익성이 좋은 업종으로 분류되며, PBR은 각각 4.4배와 5.0배로 지난 5년 평균(3.9배, 4.4배)을 크게 웃돌지 않으면서 상대적으로 가격 매력도가 있기 때문으로 판단된다.

📈 버핏 전략으로 선정한 미국 기업들

버핏 전략에 따르면 2020년 미국에서 관심을 가질 만한 종목으로는 리버티 글로벌, AMC 네트웍스, 보스턴 사이언티픽 등이 꼽혔다.

〈도표 1-11〉 워런 버핏의 전략에 따른 미국 증시 편입 종목

종목	ROE (%)	PBR (배)	변동성 (260일 기준, %)	시가총액 (달러)
리버티 글로벌 (Liberty Global)	126.00	1.06	39.28	97억
AMC 네트웍스 (AMC Networks)	77.46	3.30	44.82	12억
보스턴 사이언티픽 (Boston Scientific)	41.59	4.55	37.94	422억
GCI 리버티 (GCI Liberty)	36.93	1.21	42.26	56억
호라이즌 세러퓨틱스 (Horizon Therapeutics)	33.95	3.11	42.16	57억
버라이즌 커뮤니케이션스 (Verizon Communications)	33.64	4.14	23.94	2,180억
프로그레시브 (Progressive)	33.55	3.21	35.19	423억
컨스텔레이션 브랜즈 (Constellation Brands)	33.48	2.58	41.71	262억
T. 로 프라이스 (T. Rowe Price)	31.39	4.04	43.71	219억
커민스 (Cummins)	30.43	3.58	39.47	193억
크레디트 억셉턴스 (Credit Acceptance)	30.19	3.45	43.97	43억
타깃 (Target)	28.37	4.72	41.87	477억
F5 네트웍스 (F5 Networks)	28.08	4.81	35.68	63억
다비타 (DaVita)	27.79	4.43	40.45	91억
존슨 콘트롤즈 인터내셔널 (Johnson Controls International)	27.73	1.73	34.96	192억
제너럴 다이내믹스 (General Dynamics)	27.53	3.76	34.09	369억
CSX	27.29	4.72	43.40	422억
제너럴 밀스 (General Mills)	26.56	4.51	29.93	321억
파카 그룹 (Paccar Group)	26.10	2.82	34.75	208억

화이자 (Pfizer)	25.72	3.43	30.26	1,761억
스프라우츠 파머스 마켓 (Sprouts Farmer's Market)	25.55	3.94	44.15	21억
인터퍼블릭 그룹 오브 컴퍼니스 (Interpublic Group of Companies)	25.38	3.22	44.73	56억
길리어드 사이언스 (Gilead Sciences)	24.53	3.65	32.69	912억
패키징 코퍼레이션 오브 아메리카 (Packaging Corporation of America)	24.07	3.45	38.22	79억
알렉시온 파마슈티컬스 (Alexion Pharmaceuticals)	23.53	2.12	42.28	198억
사우스웨스트 에어라인스 (Southwest Airlines)	23.37	2.85	44.24	165억
헨리 셰인 (Henry Schein)	23.32	3.18	34.84	69억
신시내티 파이낸셜 (Cincinnati Financial)	22.57	1.74	42.68	119억
체크포인트 소프트웨어 테크놀로지스 (Check Point Software Technologies)	22.49	4.73	31.89	142억
젠텍스 (Gentex)	22.35	3.76	36.51	52억
아메리세이프 (Amerisafe)	22.07	2.96	41.74	12억
바이오스페시픽스 테크놀로지스 (BioSpecifics Technologies)	22.04	3.36	42.05	3억
카디널 헬스 (Cardinal Health)	22.01	2.23	40.76	139억
A.O. 스미스 (A. O. Smith)	21.87	4.64	33.66	57억
CSG 시스템스 인터내셔널 (CSG Systems International)	21.85	4.29	33.48	13억
올스테이트 (Allstate)	21.76	1.51	37.76	273억
리제네론 파마슈티컬스 (Regeneron Pharmaceuticals)	21.32	3.73	39.24	546억
스냅온 (Snap-on)	21.31	2.71	37.52	57억
가민 (Garmin)	21.27	3.92	33.50	136억
버크셔 해서웨이 (Berkshire Hathawa)	21.05	1.30	31.06	4,258억

로퍼 테크놀로지스 (Roper Technologies)	20.52	3.88	37.72	311억
실간 홀딩스 (Silgan Holdings)	20.35	3.36	25.53	31억
월마트 (Walmart)	20.22	4.34	27.69	3,232억
크로거 (Kroger)	20.12	2.46	33.65	237억
필 그림즈 프라이드 (Pilgrim's Pride)	20.10	3.26	43.76	44억
레이도스 홀딩스 (Leidos Holdings)	19.85	4.11	40.18	123억
트레인 테크놀로지스 (Trane Technologies)	19.75	4.36	36.91	192억
그랜드 캐니언 에듀케이션 (Grand Canyon Education)	19.51	3.19	42.36	35억
컬럼비아 스포츠웨어 (Columbia Sportswear)	18.76	3.66	39.94	44억

※ 일간 수익률 변동성을 연간화함

📈 미국 시장의 대표적인 버핏 종목

리버티 글로벌

리버티 미디어와 UGC의 합병으로 2005년 설립됐다. 미국 미디어
재벌인 존 C. 멀론이 소유한 회사로 독일 등 유럽 각국에서 케이블
TV, 광대역 통신 서비스를 제공한다. 영국 버진 미디어 등을 자회사
로 두고 있다. 유럽 각국에서 사업을 하고, 인수합병 등도 자주 일어
나기 때문에 사업구조를 파악하기 어렵다는 평가를 받는다. 2017년
에는 오스트리아 사업권을 도이체 텔레콤에 넘겼고, 2018년 말에는
영국의 통신사 보다폰에 체코·헝가리·루마니아 등의 사업을 넘

〈도표 1-12〉**리버티 글로벌: 매출 및 영업이익**   (단위: 달러)

구분	2016년	2017년	2018년	2019년
매출	172억 8,500만	112억 7,640만	119억 5,790만	115억 4,150만
영업이익	22억 4,410만	5억 4,020만	7억 7,410만	5억 5,450만

〈도표 1-13〉**리버티 글로벌(A 클래스): 최근 5년간 주가 변동 추이**   (단위: 달러)

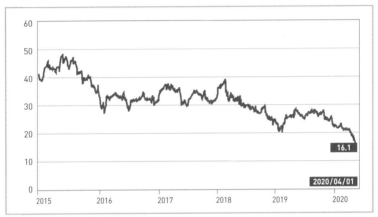

출처: 블룸버그

기는 계약을 했다. 주식은 의결권에 따라 A, B, C 클래스로 나뉜다. A는 한 주당 한 개의 의결권, B는 한 주당 열 개의 의결권을 가지며 C는 의결권이 없다. 모두 나스닥에 상장돼 있으며 주식 가격 차이는 크지 않다.

보스턴 사이언티픽

미국의 의료기기 업체로, 미국을 비롯해 한국 등 전 세계 120개국에서 사업을 진행하고 있다. 전 세계 직원 수는 3만 6,000명에 달한다. 심혈관 · 심박동 · 말초혈관 · 소화기 · 비뇨기 · 전기생리학 등 신체

〈도표 1-14〉 **보스턴 사이언티픽: 매출 및 영업이익**

(단위: 달러)

구분	2016년	2017년	2018년	2019년
매출	83억 8,600만	90억 4,800만	98억 2,300만	107억 3,500만
영업이익	4억 4,700만	12억 8,500만	15억 600만	15억 1,800만

〈도표 1-15〉 **보스턴 사이언티픽: 최근 5년간 주가 변동 추이**

(단위: 달러)

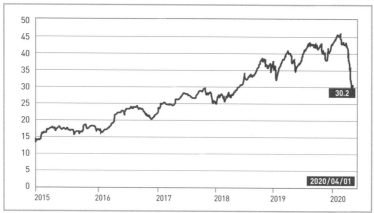

30.2

2020/04/01

출처: 블룸버그

전반에 대한 의료기기, 솔루션 등을 개발·제공한다.

길리어드 사이언스

1987년 미국에서 설립된 바이오 제약 회사. 38개국에서 사업을 하며, 한국에도 2011년 지사가 설립됐다. 에이즈, 간 질환, 암, 감염 및 호흡기 질환, 심혈관계 질환 및 감염 질환에 대한 연구·개발을 한다. 신종플루 치료제인 타미플루 개발사로 유명하다. 이 회사가 에볼라바이러스 치료제로 개발한 렘데시비르(remdesivir)가 코로나19 치료 효과가 있다는 결과가 나오면서 투자자들의 주목을 받고 있다.

〈도표 1-16〉 **길리어드 사이언스: 매출 및 영업이익**　(단위: 달러)

구분	2016년	2017년	2018년	2019년
매출	303억 9,000만	261억 700만	221억 2,700만	224억 4,900만
영업이익	176억 3,300만	141억 2,400만	82억	42억 8,700만

〈도표 1-17〉 **길리어드 사이언스: 최근 5년간 주가 변동 추이**　(단위: 달러)

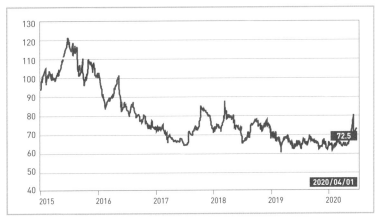

출처: 블룸버그

📈 강세장보다 횡보장에 적합한 버핏 전략

버핏의 투자 방식은 2017년과 같은 대세 상승장보다 2018년 이후 시작된 변동성 장세에 더 적합하다는 평가를 받는다. 버핏은 투자자라면 변동성을 두려워하며 피하지 말고 친밀하게 생각하고 주식을 싸게 살 기회로 삼으라고 조언했다.[13] 시장에 주도주가 있고 트렌드가 있다면 그쪽으로 자금이 몰려 가치주가 소외당할 가능성이 있기 때문이다.

이건규 르네상스자산운용 대표는 "주도주 없이 시장이 횡보하고 있을 때가 가치주가 주목받을 수 있는 좋은 환경"이라고 설명했다. 실제로 주식시장이 호황이던 2017년엔 버핏 전략으로 구성한 포트폴리오의 수익률이 14.58%로, 그해 코스피200지수 상승률(27.28%)보다 낮았다. 주도주가 뚜렷했고 지수를 따라 투자하는 패시브형 펀드가 급성장했다. 이 대표는 "개별 종목에 투자하는 액티브형 펀드에서 돈이 대거 빠져나가면 대형주보다 중·소형주들이 더 큰 타격을 받는다"며, "2017년 같은 강세장에서는 가치주를 고집하는 것이 정답이 아닐 수 있다"라고 말했다.

하지만 3년 이상을 내다보는 장기투자자라면 가치주 전략이 유효하다고 말한다. 허남권 신영자산운용 대표는 "3년 정도면 한 사이클이 지나간다고 볼 수 있다"며, "가장 나쁜 시점에 투자했다고 하더라도 원금을 회복하고 수익을 낼 수 있는 기간"이라고 말했다.

버핏 역시 하루하루의 주가는 중요하지 않다고 했다. 그는 투자에서 관심을 가져야 할 것은 5년이나 10년에 걸쳐 나타나는 주가라며 추세와 장기투자를 강조했다.[14]

2018년 4분기엔 버핏이 미국 시장에서 250억 달러(약 28조 원) 손해를 본 것이 화제가 됐다. 버핏도 별수 없다는 얘기가 나왔다. 하지만 그의 '5년 기준 상대적 성과 측정 방식'에 따르면 분기 손실은 큰 문제가 아니라는 분석도 나온다. 버핏은 평가를 5년 단위로 하며 절대 수익률보다는 매년 다우지수를 10% 이상 앞서는 상대 수익률을 운용 목표로 삼고 있다. 버핏은 1965년 주주들에게 보낸 서한에서

"시장의 수익률이 평균 30% 줄어든 해에 우리가 15% 손해를 본 것이 시장이 20% 상승한 해에 수익률 20%를 기록한 것보다 낫다"며, 이 원칙에 동의하지 않으면 자신에게 투자하지 말라고 강조한 바있다.[15]

용어 설명

- 성장주: 현재의 이익 성장률과 미래의 성장 가능성이 큰 기업의 주식을 의미한다. 향후 높은 성장을 할 것으로 기대되는 만큼 현재의 이익이나 자산가치에 비해 시장가격이 높게 형성돼 PER과 PBR이 높고, 변동성 또한 높은 점이 특징이다. 성장주는 장래 성장성이 높을 것으로 예상되는 신제품·신기술 등이 중심이 되는 IT·헬스케어·커뮤니케이션 서비스 등 신산업과 연관된 기업들의 비중이 높다.
- 가치주: 기업이 지니고 있는 내재가치(기업 실적 및 자산가치)에 비해서 현재 시장가치가 저평가되어 주가가 낮은 가격으로 거래되고 있는 주식을 일컫는다. 특히 안정적인 수익을 바탕으로 하는 금융·산업재·에너지 등 전통 산업과 연관된 기업들이 주로 포함된다. 주가가 낮은 만큼 시장의 변동성이 높아질 때 상대적으로 안정적인 흐름을 보인다.

왜 워런 버핏에
주목하는가

주식투자의 세계에 몸담은 사람 중에 워런 버핏을 모르는 사람은 없을 것이다. 그가 경영하는 버크셔 해서웨이는 1964년부터 2018년까지 18.9%의 연환산 복리 수익률을 기록했다(단순 평균 수익률은 19.8%). 만일 1964년에 버크셔 해서웨이를 통해 1달러를 투자했다면, 2018년에는 1만 1,454달러가 되어 있을 것이다. 같은 기간 S&P500지수의 상승률은 연평균 6.5%에 불과했다.

더 놀라운 것은 이 수익률조차 그의 헤지펀드 시절 수익률에 비하면 꽤 낮은 편이라는 점이다. 그가 1957년 설립하여 1969년 해산한 '버핏 파트너십'이라는 헤지펀드에 1달러를 투자했다면, 해산할 때 27달러로 불어나 있었을 것이다. 참고로 이 기간 연평균 수익률은 31%에 달했다. 이토록 놀라운 성과를 기록하다 보니, 미국에서는 '버핏 스타일'의 주식에 투자하는 상장지수 펀드가 설정돼 인기를 끌고 있다.

이 대목에서 한 가지 궁금증이 제기된다. '버핏 스타일'의 주식은 어떤 특성을 지니고 있을까? 버핏이 매년 버크셔 해서웨이 주주총회에서 발표하는 주주 서한을 집대성한 책 《워런 버핏 바이블》에서 그 비밀을 몇 가지 엿볼 수 있다. 책에서 그는 사업의 구조를 이해할 수 있으며, 장기적으로 꾸준한 성장세를 기록할 여력이 있고, 경영진이 유능하고 믿을 수 있을 뿐 아니라 인수 가격이 합리적인 기업을 매수한다고 밝혔다. 반면 고속으로 성장하고, 그 과정에서 막대한 자본이 들어가지만 이익은 거의 나오지 않는 기업을 최악의 기업으로 여겨 기피한다고 했다.

주주 서한의 내용을 통해 버핏의 투자 철학을 정리하면, '우량기업이 싸게 거래될 때 매입한다'가 될 것이다. 그런데 여기에 한 가지 난점이 있다. 어떤 기업이 우량기업인가?

버핏은 우량기업이란 '해자'를 보유한 기업이라고 정의한다. 어떤 기업이 높은 수익을 내면 자본주의 역학에 따라 경쟁자들이 그 성을 끊임없이 공격하기 때문에, 탁월한 실적을 유지하려면 낮은 생산 원가나 강력한 세계적 브랜드 같은 진입장벽을 보유해야만 한다는 것이다.

그러나 투자자 입장에서 여전히 어려움이 남는다. 기업의 해자는 어떻게 판단해야 할까? 삼성전자처럼 경쟁자들에 비해 저렴한 비용으로 품질 좋은 제품을 생산하는 기업은 해자를 가진 것으로 봐야 하는가? 또 현대자동차처럼 신흥 개도국에 적기에 공장을 건설해 성장하는 시장에 신속하게 올라타는 기업은 해자가 없는 것인가?

《워런 버핏 바이블》 덕분에 모방의 어려움이 많이 해소되겠지만, 그의 투자 비결을 파헤치려는 연구와 관심은 앞으로도 사라지지 않을 것 같다. 특히 그가 투자한 기업 크래프트 하인즈의 성과 부진을 계기로 불세출의 투자자 워런 버핏이 '이번에는 드디어 실패했음'을 확인하려는 약간은 불온한 동기까지 가세한 만큼, 그의 투자 철학 및 한국의 '버핏형 종목' 후보를 살펴보는 것은 매우 큰 의미를 지니리라 판단된다.

2장

가치투자의 아버지, 벤저민 그레이엄

Warren Buffett

Benjamin Graham

Peter Lynch

Joel Greenblatt

David Dreman

Kelley Wright

David Swensen

Gary Antonacci

Jesse Livermore

William J. O'Neil

투자자는 스스로 돈을 벌지만
투기꾼은 브로커들 배만 불리게 된다.

벤저민 그레이엄

📈 절대 잃지 않는 투자를 목표로 하다

벤저민 그레이엄은 '가치투자의 아버지'로 불린다. 그의 투자 전략은 '꽁초 전략'으로 알려져 있는데, 제자인 워런 버핏이 '남이 버린 꽁초를 주워서 공짜로 담배를 피우는 것처럼' 남들이 쳐다보지 않는 저평가된 주식에 투자한다는 뜻에서 붙여준 별명이다.

꽁초 전략이 그의 전략을 깎아내리는 말이라는 평가도 있다. 하지만 그만큼 그레이엄은 남들이 매력을 덜 느끼는 우량주에 관심을 가졌다. 그는 주식 가치와 기업 가치 간에 차이가 커진 기업들을 매수해 손해 보지 않는 투자를 하는 것을 중시했다. 가치투자라는 새로운 전략을 수립했고, 성과도 냈다. 그가 1925년 설립한 그레이엄-뉴먼 투자회사는 30여 년간 17% 이상의 연평균 수익을 달성했다.

그레이엄이 열세 살이던 1907년, 어머니가 투자했던 US 스틸이 파산하면서 큰 타격을 입었다. 이후 그는 가족의 생계를 책임지며 학업을 이어갔다. 뛰어난 천재성은 가난도 막지 못했다. 컬럼비아 대학교에 입학해 1914년 차석으로 졸업했다. 당시 학장은 훌륭한

학생을 추천해달라는 뉴욕증권거래소에 그레이엄을 추천했다. 그는 채권부에서 보조원으로 일하며 채권을 발행한 기업들을 분석하기 시작했다. 이때의 경험으로 그는 충분한 가치가 있음에도 주식시장에서 저평가되고 소외된 종목을 찾아내는 안목을 키울 수 있었다.

하지만 그레이엄도 1929년 경제 대공황이 가져온 주가 대폭락은 피하지 못했다. 이후 그는 '결코 돈을 잃지 않는 것'을 목표로 하고 투자했으며, 이 목표를 이루기 위해 '올려다보기 전에 내려다보는 것'을 좋아했다. 이미 오른 주식보다 오르지 못한 주식을 찾았다는 뜻이다. 모든 자산이 매각되고 모든 부채가 청산됐을 때도 여전히 남는 것이 있고, 주가에 이익이 다 반영되지 않은 저평가 종목을 선호했다. 즉, PBR이 낮은 주식을 골라 투자하는 방식이라고 할 수 있다.

그는 특히 안전마진을 강조했는데, 채권 수익률과 EPS 등 기업 수익력을 비교해 채권에 이자를 지급하고도 돈이 남아야 그것이 안전마진이라고 정의했다.[1] 자신이 쓴 책《현명한 투자자》에서 "안전마진이 확보된 20개 이상의 종목에 분산투자 할 경우 특별히 나쁜 상황만 아니라면 십중팔구 좋은 실적이 나올 것"이라며 "대표주에 투자하면 대단한 통찰이나 선견지명 없이도 성과를 얻을 수 있다"라고 강조했다.

안전마진을 확인하려면 호황기가 아닌 불황기 실적을 보는 것이 필요하다고 했다. 그는 투자자들이 큰 손실을 보는 것은 우량주를 높은 가격에 매수할 때가 아니라 호황기에 부실주를 매수할 때라고 지적했다. 호황기에 기업이 내는 이익을 정상 수익력으로 생각하고, 안전하다고 착각하는 것이 문제라는 얘기다.[2]

자산을 강조했지만 성장성을 놓친 것은 아니다. 기업을 분석할 때는 성장성도 고려해야 한다고 강조했다. 특히 꾸준히 성장하는 기업인지 판단하기 위해 최근 3년간 성장률과 함께 10년 전의 3년간 성장률을 비교해볼 필요가 있다고 조언했다.[3]

용어 설명

- 안전마진(Margin of Safety): 주식의 내재가치와 시장가격의 차이를 의미한다. 벤저민 그레이엄이 《증권분석》에서 처음 사용한 말이다. 상장지수펀드(ETF)의 순자산가치(NAV, 청산가치)와 주가 간 괴리율과 비슷하다고 생각하면 쉽다. 그레이엄은 평균회귀, 즉 시장은 변동성에도 불구하고 결국 평균으로 수렴한다고 생각했다. 그래서 내재가치보다 시장가격이 내려간 주식은 그만큼의 안전마진을 가지고 투자할 수 있다고 봤다. ETF의 괴리율은 유동성 공급자(LP, Liquidity Provider)에 의해 결국 채워진다. 이 때문에 괴리율이 높은 인버스와 레버리지 ETF에 각각 투자하는 방식으로 차익거래를 하는 투자자들도 있다. 하지만 ETF와 달리 주식은 시장이 괴리를 언제 메워줄지 모른다는 점에서 시간이 필요할 수 있다.

📈 사업하듯 투자하라

그레이엄은 투자자들에게 철저한 분석에 기반한 투자를 할 것을 강조했다. 채권부에서 기업의 재무제표를 꼼꼼하게 살펴 투자 여부를 결정했던 그다운 조언이다.

그레이엄은 사업처럼 하는 투자가 가장 현명한 투자라며 다음의 네 가지를 강조했다.

- 자신이 하는 사업을 제대로 파악해야 한다.
- 대리인의 실적을 충분히 이해하고 감독할 수 있으며, 대리인이 유능하고 정직하다고 믿을 근거가 확실할 때 사업 운영을 맡겨야 한다.
- 합당한 이익을 기대할 수 있다는 확실한 계산이 나오지 않으면 사업을 시작해서는 안 된다.
- 막연한 낙관이 아니라 확실한 숫자를 바탕으로 투자해야 한다.[4]

그레이엄은 특히 사실에 근거해서 결론을 내렸고, 이 판단이 건전하다고 믿는다면 남들의 생각과 달라도 실행할 수 있는 용기를 갖추라고 조언했다. 다만, 투자하려는 대상에 대한 지식이 충분하고 올바른 판단력을 갖췄을 때 용기를 내야 한다고 했다.[5] 인간의 본성은 시장의 흐름을 따라가려 하기 때문이다.[6]

확실한 근거 없이 감으로 접근하는 투자를 할 바에는 펀드에 맡기는 것이 낫다고도 했다. 전반적으로 펀드 실적이 시장 실적과 비숫한 수준을 유지했기 때문이다. 그레이엄은 10년 동안 투자한다면 일반 개인이 직접 투자할 때보다 펀드에 투자할 때 성과가 더 나을 것이라고 했다.[7]

우선주에 대한 투자에도 주의가 필요하다고 지적했다. 높은 배당을 기대하고 하는 투자 방법이지만, 회사가 언제든 배당을 중단할 수 있기 때문이다. 그는 무엇보다 가격이 저렴할 때만 매수해야 한다고 조언했다.[8]

빚을 내서 투자하는 것 또한 경계했다. 증권사에서 돈을 빌려 투자하는 것은 투자가 아닌 투기라며, 증권사는 신용매수가 투기라는 사실을 고객에게 알려야 한다고 말했다.[9]

채권으로 투자를 시작한 그였지만 채권에 올인하는 방식은 권하지 않았다. 인플레이션(물가 상승)을 제대로 방어할 수 없다고 봤기 때문이다. 주식투자 역시 인플레이션을 완벽하게 방어한다고 할 수는 없지만 채권보다는 낫다면서, 모든 재산을 채권에 투자하는 것이 가장 위험하다고 강조했다.[10]

비중 조절이 어렵다면 절반씩 투자하는 것이 대안이 될 수 있다. 그레이엄은 적정한 비중을 25~75%라고 했다. 예를 들어 주식시장이 하락해 바닥에 왔을 때 포트폴리오에서 주식 비율을 75%까지 올리고, 나머지는 채권을 담는 방식이다.[11]

📈 그레이엄 전략, 코스피200 상승률을 웃돌다

그의 투자 방식은 한국 주식시장에서도 유효한 것으로 나타났다. 그레이엄의 전략을 토대로 종목을 선정해 모의투자를 한 결과, 누적 상승률 기준으로 코스피200지수의 상승률을 앞섰다. 블룸버그 데이터 확보가 가능한 2002년 이후부터 2020년 3월 말까지 그레이엄 전략의 누적 수익률은 250.55%였다. 연평균 7.21%의 수익이다. 같은 기간 코스피200지수는 201.44% 올랐다.

연간 수익률로도 코스피200지수를 웃돈 해가 많았다. 특히 2013년엔 코스피200지수가 1.43% 오르는 동안 28.48%의 수익을 냈

〈도표 2-1〉 벤저민 그레이엄 vs 코스피200: 세부 지표

(기준 시점: 2020.3.31.)

지표	벤저민 그레이엄	코스피200
수익률		
총수익률	250.55%	201.44%
연평균 복리 수익률(CAGR)	7.21%	6.32%
최대 수익률	11.88%	12.23%
최소 수익률	−9.93%	−10.33%
최대 손실폭	−56.33%	−52.41%
최대 손실폭 기간	274일	271일
최대 증가	906.97%	568.79%
위험		
표준편차(연간화)	20.00%	21.57%
추적오차(연간화)	12.69%	−
위험/수익률		
샤프비율	0.46	0.40

다. 하지만 최근으로 접어들수록 성과가 떨어지는 것으로 나타났다. 2004년과 2009년, 2010년, 2011년, 2016년, 2017년, 2019년에는 코스피200지수보다 낮은 성과를 냈다.

〈도표 2-2〉 벤저민 그레이엄 vs 코스피200: 누적 성과

(2002.4.=100)

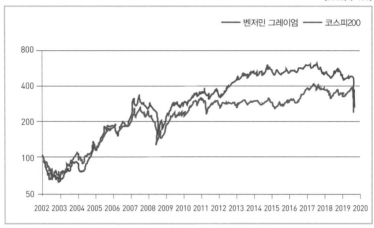

※ 누적 성과는 로그 변환을 통해 조정된 수치

〈도표 2-3〉 벤저민 그레이엄 vs 코스피200: 연도별 수익률

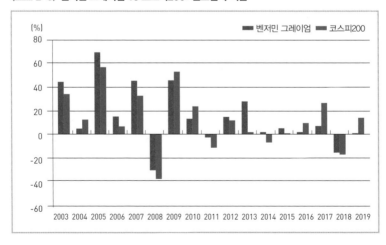

그레이엄의 종목은 꾸준히 성과를 내고 손해를 보는 경우가 적지만, 경제가 위기를 벗어나 빠르게 회복되는 시기에는 상대적으로 부각되기 어려운 것으로 나타났다. 홍춘욱 EAR 리서치 대표는 "폭락장 이후 상승장에서 자산주보다 성장주가 강세를 보인 해나 상장사들의 주가가 이미 많이 올라 내재가치와의 차이가 줄어든 해에는 상대적으로 성과를 내지 못했다"라고 평가했다.

📈 2020년 그레이엄 종목: 소재 및 산업재

한국에서 그레이엄이 관심을 둘 만한 저평가 종목을 꼽기 위해 우량주 위주의 코스피200지수에 편입된 종목 중 다음의 조건을 기준으로 했다.

- 유동비율 100% 이상
- PER 15배 이하
- PBR 1.5배 이하
- 과거 5년간 EPS가 모두 플러스
- 부채비율 100% 이하인 기업 중 과거 5년간 EPS 증가율 상위 20개 종목

《현명한 투자자》 등 그레이엄의 저서에서는 유동비율 200% 이상,

과거 10년간 EPS 증가율 30% 이상의 기업을 추천하지만 한국에서는 해당하는 기업이 없어 기준을 조금 낮췄다. 2002년부터 3월 말 결산 기준 실적을 가지고 매년 4월 1일 리밸런싱하는 것으로 가정했다.

용어 설명

- 유동비율: '(유동자산/유동부채)×100(%)'으로 계산한다. 자산과 부채 앞에 모두 '유동'이라는 단어가 붙은 점에서 알 수 있듯이 1년 이내에 현금화할 수 있는 자산인 유동자산과 1년 이내에 갚아야 하는 부채인 유동부채를 비교함으로써 기업의 단기적인 부채 상환 능력을 측정할 수 있다. 일반적으로 유동비율이 200% 이상이면 양호한 것으로 판단되지만, 유동비율이 지나치게 높다면 기업이 자산을 효율적으로 사용하지 못하는 상황일 수도 있다. 기업이 영위하는 사업의 특성을 고려하여 평가할 필요가 있다.
- 부채비율: '(부채총계/자본총계)×100(%)'으로 계산한다. 기업이 보유하고 있는 자기자본에 비해 부채(타인자본)가 얼마인지를 평가함으로써 기업의 재무구조, 특히 타인자본 의존도를 살펴볼 수 있는 지표다. 다만, 부채비율은 업종별 특성에 따라 다르게 나타나므로 동종 업종 내에서 평가해야 한다.

그레이엄의 전략으로 구성된 종목들은 소재 및 산업재가 높은 비중을 보였다. 재무건전성이 양호한 기업들 중 저평가된 기업을 살펴보니 최근 주도주인 기술주보다는 경기에 따라 영향을 많이 받

종목	유동비율 (%)	부채/자본 (%)	PBR (배)	PER (3년 평균 EPS 적용, 배)
대한유화	5.08	3.48	0.41	2.88
비지에프	5.02	3.28	0.36	0.15
대덕전자	3.56	2.25	0.79	2.79
태광산업	3.46	3.96	0.28	3.21
한섬	3.30	2.30	0.74	6.17
쿠쿠홀딩스	2.82	0.32	1.11	2.61
롯데케미칼	2.64	25.84	0.58	4.14
휴켐스	2.54	18.96	1.24	5.85
삼양홀딩스	2.39	51.11	0.35	6.93
영풍	2.19	6.07	0.34	4.03
포스코	2.13	44.18	0.43	5.95
아이에스동서	2.00	85.19	0.93	3.92
현대건설	1.95	30.55	0.71	8.71
SK하이닉스	1.84	24.45	1.35	5.84
LG	1.75	6.12	0.68	5.48
오리온홀딩스	1.54	10.75	0.56	0.86
에이치디씨	1.15	52.03	0.29	0.69
SK	1.13	92.68	0.82	5.80
LG전자	1.12	68.55	0.82	8.68
삼성물산	1.08	14.84	0.74	12.35

는 '시클리컬(cyclical)' 업종의 편입 비중이 높게 나타난 것으로 분석됐다. 다만 이들 업종은 경기에 대한 민감도가 높기 때문에 경기회복 시 수혜를 누릴 수 있도록 장기적 관점에서 접근할 필요가 있다.

2020년 한국 시장에서 담아야 할 종목으로는 태광산업·포스코·롯데케미칼·대한유화·휴켐스 등 소재주와 SK, LG 등 지주사가 꼽혔다. 소재 기업들은 대표적인 우량주로 수익성은 좋지만 반등 국면에서 주목받지 못해 저평가 상태이기 때문이다.

📈 S&P500에는 약간 뒤지는 성과

단순화한 그레이엄의 기준을 미국 시장에 적용해봤을 때는 성적이 신통치 않았다. 미국 S&P500과 나스닥에 상장된 시가총액 상위 50% 종목 중 다음의 조건을 기준으로 했다.

- 유동비율 100% 초과
- 최근 3년간 평균 EPS를 이용한 PER과 최근 PBR의 곱이 22.5 이하
- 부채비율 100% 미만
- 과거 5년간 EPS가 모두 양수

이를 모두 충족하는 기업 중 과거 5년간 EPS 평균 성장률 상위 50개 기업을 뽑았다.

그레이엄 전략은 대표적인 저평가 종목을 찾아내는 것이다. 국내에 적용했던 기준과 같이 PER 15배 이하, PBR 1.5배 이하의 기준을 적용하면, 편입되는 종목이 20개 미만으로 줄어들었다. 그래서 그레

〈도표 2-5〉 벤저민 그레이엄 vs S&P500지수: 세부 지표

(기준 시점: 2020.3.31.)

지표	벤저민 그레이엄	S&P500지수
수익률		
총수익률	219.05%	223.69%
연평균 복리 수익률(CAGR)	6.65%	6.74%
최대 수익률	9.74%	11.58%
최소 수익률	−14.09%	−11.98%
최대 손실폭	−61.23%	−55.26%
최대 손실폭 기간	431일	369일
최대 증가	548.91%	528.72%
위험		
표준편차(연간화)	23.15%	19.56%
추적오차(연간화)	11.46%	−
위험/수익률		
샤프비율	0.36	0.38

〈도표 2-6〉 벤저민 그레이엄 vs S&P500지수: 누적 성과

(2002.4.=100)

※ 누적 성과는 로그 변환을 통해 조정된 수치

이엄이 언급한 방식과 같이 'PER과 PBR의 곱이 22.5 이하'라는 조건으로 대체하여 기준을 설정했다.

이 같은 전략을 토대로 종목을 선정해 모의투자를 한 결과 연간 수익률 기준으로 지난 18년 동안 누적 수익률이 S&P500지수에 뒤처진 것으로 나타났다. 연평균 6.65%로 S&P500지수(6.74%)보다 낮았다.

연도별로 보면 금융위기를 겪었던 2008년(-36.77%) 큰 폭의 손해를 봤지만, 2009년 54.91% 수익을 내며 이를 만회했다. 포트폴리오 변경으로 저평가된 가치주를 대량 매입한 결과라는 분석이다. 두 번째로 수익률이 좋았던 해는 2003년(53.65%)으로, S&P500지수의 수익률(28.71%)을 크게 웃돌았다. 2013년(43.27%)과 2010년(31.06%)에도 높은 수익률을 올렸다.

〈도표 2-7〉 벤저민 그레이엄 vs S&P500지수: 연도별 수익률

📈 미국 주식으로는 레나, 타이슨 푸드 등이 유망

그레이엄의 전략을 따를 경우 2020년 미국 시장에서 담아야 할 종목으로는 뉴코, 레나, 타이슨 푸드 등이 꼽혔다.

〈도표 2-8〉 벤저민 그레이엄의 전략에 따른 미국 증시 편입 종목

종목	유동비율 (%)	부채/자본 (%)	PBR (배)	PER (3년 평균 EPS 적용, 배)	시가총액 (달러)
FRP 홀딩스 (FRP Holdings)	41.24	22.71	1.30	6.33	3억
레나 (Lennar)	14.53	48.50	1.18	7.14	105억
앙코르 와이어 (Encore Wire)	7.29	0.00	1.54	12.18	8억
D.R. 호튼 (D. R. Horton)	6.69	33.02	1.94	8.92	119억
액셀리스 테크놀로지스 (Axcelis Technologies)	5.47	12.93	1.87	8.68	5억
풀티 그룹 (PulteGroup)	4.28	58.32	1.92	7.19	56억
그린 브릭 파트너스 (Green Brick Partners)	3.35	44.34	1.11	8.94	3억
뉴코 (Nucor)	3.34	42.26	1.64	6.86	108억
홀리시스 오토메이션 테크놀로지 (Hollysys Automation Technologies)	3.25	2.45	1.21	7.72	7억
수퍼누스 파마수티컬스 (Supernus Pharmaceuticals)	2.94	63.56	2.09	9.57	9억
태피스트리 (Tapestry)	2.79	45.62	2.59	5.81	30억
아메리칸 아웃도어 브랜즈 (American Outdoor Brands)	2.68	45.26	1.21	8.56	4억
얀덱스 (Yandex)	2.58	4.73	4.57	0.46	106억

주미에즈 (Zumiez)	2.58	74.35	1.73	8.05	3억
슈퍼 마이크로 컴퓨터 (Super Micro Computer)	2.35	2.51	1.03	16.32	10억
스캔소스 (ScanSource)	2.11	43.64	0.91	9.48	5억
LGI 홈스 (LGI Homes)	1.99	82.37	2.12	5.84	9억
알트라 홀딩스 (Altra Holdings)	1.96	84.27	1.21	10.00	10억
버크셔 해서웨이 (Berkshire Hathaway)	1.95	25.49	1.30	0.01	4,258억
앰코 테크놀로지 (Amkor Technology)	1.89	79.77	1.59	10.38	17억
텍스트론 (Textron)	1.88	74.18	1.85	7.81	56억
이스트만 케미컬 (Eastman Chemical)	1.86	99.09	1.81	6.01	61억
패터슨 컴퍼니스 (Patterson companies)	1.83	50.61	1.41	8.96	13억
콴타 서비스 (Quanta Services)	1.69	40.85	1.43	13.79	44억
어반 아웃피터스 (Urban Outfitters)	1.65	93.39	1.72	7.32	12억
보그워너 (BorgWarner)	1.65	42.22	1.90	6.67	46억
아포지 엔터프라이지스 (Apogee Enterprises)	1.63	49.51	1.96	7.13	4억
모호크 인더스트리스 (Mohawk Industries)	1.63	36.06	1.20	5.74	47억
인사이트 엔터프라이지스 (Insight Enterprises)	1.62	80.95	2.14	10.28	14억
MYR 그룹 (MYR Group)	1.61	52.24	1.49	13.43	4억
켈리 서비스 (Kelly Services)	1.59	5.43	0.69	6.44	4억
아처 대니얼스 미들랜드 (Archer Daniels Midland)	1.55	51.22	1.34	12.01	188억
아크베스트 (ArcBest)	1.50	51.91	0.92	7.45	4억

발레로 에너지 (Valero Energy)	1.44	48.64	1.76	5.51	167억
PVH (Phillips–Van Heusen)	1.44	80.34	1.08	4.39	23억
프리모리스 서비스 (Primoris Services)	1.36	94.76	1.72	10.23	7억
타이슨 푸드 (Tyson Foods)	1.30	83.87	2.21	8.88	202억
허브 그룹 (Hub Group)	1.26	30.09	1.62	9.96	15억
마라톤 페트롤리엄 (Marathon Petroleum Corporation)	1.25	72.65	1.16	3.88	135억
필립스 66 (Phillips 66)	1.24	47.94	1.97	5.20	216억
듀폰 (DuPont)	1.20	43.32	1.16	13.63	240억

📈 미국 시장의 대표적인 그레이엄 종목

레나

1954년 설립된 미국의 최대 홈빌더(주택 공급업자)로 주택 부지 확보, 토지 개발, 신규 착공 등을 담당한다. 우리나라 건설업과 마찬가지로 경기, 주택 수요 등에 따라 주가 움직임이 크다. 최근 들어 모기지 금리가 낮고, 주택 수요가 증가해 주목을 받아왔다. 다만 코로나19로 주택 거래가 줄어들면서 향후 실적에 대한 우려가 커지고 있다.

〈도표 2-9〉 레나: 매출 및 영업이익 (단위: 달러)

구분	2016년	2017년	2018년	2019년
매출	109억 5,000만	126억 4,636만	205억 7,163만	222억 5,956만
영업이익	13억 3,047만	11억 8,961만	22억 6,268만	24억 3,429만

〈도표 2-10〉 레나: 최근 5년간 주가 변동 추이 (단위: 달러)

출처: 블룸버그

타이슨 푸드

1935년 설립된 미국 최대의 육류 공급 업체다. 소규모 닭고기 유통 회사에서 시작해 지금은 전 세계 130여 개국에서 닭고기, 소고기, 돼지고기, 가공식품 등을 판매하는 글로벌 기업으로 성장했다. 직원은 11만 명이 넘는다. 2019년부터는 식물성 고기 시장에도 진출했으며, '레이즈드 앤 루티드(Raised & Rooted)'라는 이름의 브랜드를 사용한다. 완두콩을 사용해 만든 치킨너겟을 시작으로 다양한 대체육을 선보일 계획이다. 직접 투자 외에도 대체육을 생산하는 비욘드 미트(Beyond Meat)에 3,400만 달러를 투자하기도 했다.

〈도표 2-11〉 **타이슨 푸드: 매출 및 영업이익** (단위: 달러)

구분	2016년	2017년	2018년	2019년
매출	368억 8,100만	382억 6,000만	400억 5,200만	424억 500만
영업이익	28억 3,300만	29억 3,100만	30억 3,200만	28억 8,200만

〈도표 2-12〉 **타이슨 푸드: 최근 5년간 주가 변동 추이** (단위: 달러)

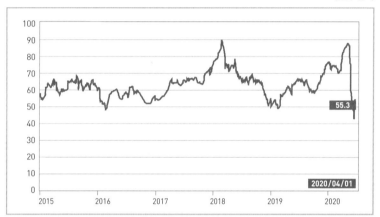

출처: 블룸버그

📈 흔들리지 않는 장기투자 전략

그레이엄 전략은 장기투자에 적합한 것으로 평가받는다. 2002년부터 2020년 3월 말까지 수익률을 분석한 결과에서도 2012년 이후 코스피200지수와 급격히 격차를 벌리는 것으로 나타났다. 김성봉 삼성증권 상품지원 담당은 "시장 주도주가 뚜렷하거나 성장주가 주목받을 땐 상대적으로 수익률이 낮아질 수 있다"며, "하지만 기업 분석을 통해 저평가된 종목이라고 확신하고 매수했다면 시장 상황에 흔들리지 않고 보유하는 것이 수익률에 긍정적"이라고 말했다. 그레이엄은 짧은 기간에 수익을 내려고 테마주 등에 투자하거나 주식 매매 시점을 중요시하는 것은 투기라고 평가했다. 투기꾼은 시점을 택하지만, 적절한 기회가 올 때까지 기다릴 수 있는 투자자는 가격을 선택한다는 것이다. 주식은 적정 수준보다 낮은 가격에 매수해서 적정 수준보다 높은 가격에 매도해야 하는 것이라고 강조했다.[12]

그레이엄의 전략은 실물자산 가격이 오를 때 효과적일 수 있다는 분석도 있다. 이건규 르네상스자산운용 대표는 "그레이엄은 안전마진을 자산에서 찾는 방식으로, 비즈니스 모델과 성장성에서 수익 기회를 찾는 버핏과는 구분된다"며, "부동산 등 실물자산의 가치가 오를 때 그레이엄이 선호하는 자산주가 재평가될 가능성이 크다"라고 말했다.

그레이엄은 누군가의 얘기만 듣고 투자하거나, 기업의 사업보고서 해석을 게을리한 채 투자해선 안 된다고 했다. 또한 투자자가 입수하는 산업정보는 대부분 가치가 없다고 평했다. 대개 이미 알려져서 주가에 반영됐기 때문이다.[13]

정보 격차가 줄어들수록 그레이엄의 전략이 잘 통하지 않을 수 있다는 지적도 나왔다. 민수아 삼성액티브자산운용 밸류본부장은 "그레이엄이 활동할 당시에는 정보 부족으로 저평가된 종목들이 있었지만 요즘 밸류에이션(실적 대비 주가 수준)이 낮은 종목은 이익 변동성이 크거나, 산업 전망이 안 좋아서 이익을 추산하기 어려운 경우가 많기 때문"이라고 말했다.

벤저민 그레이엄의 투자 철학이 다시 주목받는 이유

벤저민 그레이엄은 현대 증권분석의 아버지이자 가치투자의 창시자로 널리 인정받는 인물이다. 그는 그레이엄-뉴먼 투자회사의 설립자 겸 대표였고, 1928~1957년 미국 컬럼비아대학교 경영대학원에서 가치투자를 가르쳤다. 그의 제자 중 가장 대표적인 사람이 워런 버핏 버크셔 해서웨이 회장이다.

그레이엄은 뛰어난 제자를 길러냈을 뿐만 아니라 증권 업계에 영원히 이름을 남긴 명저의 저자로도 유명하다. 1920년대에 불멸의 고전이자 '가치투자의 바이블'로 불리는 《증권분석》을 집필했고, 1950년대에는 《현명한 투자자》를 저술했다. 《현명한 투자자》는 지금도 아마존에서 투자 분야 베스트셀러 1위 자리를 지키고 있다.

그레이엄이 이 책들을 통해 강조한 것이 '안전마진'이다. 그는 안전마진이라는 개념을 채권투자에서 가져왔다. 예를 들어 어떤 철도회사의 가치가 30만 달러이고 부채가 10만 달러라면, 이론상 회사의 가치가 20만 달러 이상 감소해야 채권투자자들이 피해를 보게 된다. 주식도 이처럼 안전마진을 확보할 수 있다는 게 그레이엄의 시각이다.

관점을 조금 바꿔 이 철도회사의 시가총액이 '자산과 수익성에 근거해 무리 없이 발행 가능한 회사채' 규모보다 적다면, 이 주식에는 상당한 안전마진이 존재하는 셈이다. 이런 주식을 매수하면 채권 같은 안전마진을 확보하면서도 주식 고유의 배당소득과 자본 차익까지 기대할 수 있다.

이상과 같은 그레이엄의 전략을 한국에 그대로 적용하면 좋겠지만, 몇 가지 어려움이 있다. 한국 주식시장이 워낙 저평가돼 있고 상장사들의 재무구조가 건전해져 그레이엄의 기준을 만족하는 기업들이 많기 때문이다. 이 문제를 해결하기 위해 "주식의 안전마진은 기업 수익력이 채권 수익률을 훨씬 초과할 때 확보된다"라는 그레이엄의 지적에 주목할 필요가 있다. 투자 종목을 고를 때 재무 안정성과 저평가 여부뿐만 아니라 이익성장률도 고려하는 것이 좋다.

3장

역사상 최고의 펀드매니저, 피터 린치

Warren Buffett

Benjamin Graham

Peter Lynch

Joel Greenblatt

David Dreman

Kelley Wright

David Swensen

Gary Antonacci

Jesse Livermore

William J. O'Neil

우수한 기업을 보유하고 있다면 시간은 당신 편이다.

피터 린치

📈 성장성 있는 저평가 종목을 찾아라

피터 린치는 워런 버핏과 함께 역사상 최고의 펀드매니저 중 한 명으로 꼽힌다. 1977~1990년 세계적인 자산운용사 피델리티 인베스트먼트의 마젤란펀드를 운용하며 연평균 29.2%의 수익률을 낸 것으로 유명하다.

그의 전략은 'GARP(Growth at Reasonable Price)'로 알려져 있다. 한마디로 정리하면 '성장하는 기업을 적정한 가격에 사라'는 뜻이다. 그는 시장 상황보다 개별 기업의 실적과 성장성에 주목했다. 주식시장은 예측할 수 없는 곳이며, 설령 예측을 한다고 해서 주식으로 돈을 벌 수 있는 것도 아니라고 했다.[1] 이 때문에 언제나 발로 뛰는 투자를 강조했다. 책상에 앉아 거시경제를 분석하기보다는 현장을 찾아가는 것이 낫다는 뜻이다.

린치는 대학교 2학년이던 1963년 플라잉 타이거 항공을 주당 7달러에 매수했다. 2년도 채 안 돼 주가가 32.75달러까지 올랐다. 그는 이 경험을 바탕으로 빠르게 성장하는 '대박주'의 가능성을 믿게 됐다. 린치가 가장 강조한 것은 기업의 성장성이다. 그는 주식투자에서 성공과 실패를 결정짓는 것은 결국 기업이 이익을 얼마나 내느냐에 달렸다고 봤다. 그러므로 주식을 사야 할지 고민이 될 때는 주가가 아니라 최근 회사가 얼마나 이익을 내고 있는지를 살피는 게 낫다고 했다.[2] EPS 증가율을 강조하는 투자법이다.

린치는 1969년부터 피델리티에서 기업 분석가로 일했으며, 1977년 5월 마젤란펀드를 맡으며 인생 최고의 커리어를 시작했다. 그는 PER 등 밸류에이션 지표가 높더라도 성장성이 충분하다면 매력적이라고 판단했다. 하지만 밸류에이션이 지나치게 높으면 성장성이 있더라도 사지 않았다. 이를 판단하기 위해 그가 만들어낸 개념이 주가이익성장비율(PEG)이다. 그는 PEG가 0.5 이하인 종목을 아주 유망한 종목으로 분류했다.

용어 설명

- PEG(Price Earnings to Growth ratio, 주가이익성장비율): PEG는 PER(주가수익비율)에 성장성의 개념을 포함시킨 것으로, PER을 EPS(주당순이익) 성장률로 나눈 값이다. 이 수치가 낮을수록 주가가 저평가돼 있거나 성장률이 높다는 것을 의미한다. PER을 통한 저평가 여부뿐만 아니라 기업의 성장성을 함께 고려함으로써 보다 종합적인 평가를 할 수 있다. 다만 EPS 증가율은 보통 예상 EPS를 사용하여 미래 수익성을 전망하는데, 이때 예상치의 정확도에 따라서 PEG 값의 신뢰도가 좌우될 수 있다는 점에 주의해야 한다.

📈 바보도 경영할 수 있는 기업에 투자하라

린치는 수익성을 원한다면 대기업보다는 소기업에 투자하라고 했다. 그는 기업의 규모는 투자 수익률과 밀접한 관계가 있다고 봤으며, 가장 수익이 높고 가능성 있는 것은 소형주라고 강조했다.[3] 그래서 조건이 동일하다면 투자자 입장에서는 소형주에 투자하는 것이 더 큰 수익을 낼 수 있으리라고 조언했다.[4]

다만, 변동성이 심한 장세에서 대형주 중심의 포트폴리오가 안정성을 높일 수 있다는 점은 인정했다. 경기침체가 오거나 시장 상황이 갑자기 나빠질 때 대형 우량주의 움직임이 소형주보다는 안정적이기 때문이다.[5]

그는 단순한 사업을 하는 회사를 선호했다. '이런 회사는 누가 와도, 심지어 바보가 와도 경영할 수 있는 회사'라는 생각이 드는 곳이 좋은 곳이라고 했다. 언제나 최고의 경영자가 회사를 운영할 것이라고 장담하긴 어렵기 때문이다. 그런 회사일수록 투자자 입장에서도 어떤 사업을 하는지, 장래 수익은 어떨지 잘 알 수 있다는 점이 좋다고 했다.[6]

반드시 장기투자를 해야 하기 때문에 당장 쓸 돈이 아닌 여유자금으로 투자하라는 것도 강조했다. 학자금이나 결혼비용 등 단기간에 필요한 돈으로 투자해서는 안 된다는 것이다. 일단 자기가 살 집은 마련해두는 것이 좋다고도 했는데, 하락장에서 손해를 보면서 억지로 주식을 팔 순 없기 때문이다. 장기적으로 좋은 종목이라도 시장이 나빠지는 상황에서는 가격이 하락할 수 있다. 하지만 장기투자를 한다면 시간은 투자자의 편이 된다고 강조했다.[7]

모든 종목에서 이익을 얻겠다는 허황된 생각도 버릴 것을 주문했다. 대박 종목은 한 종목만 있어도 충분하다는 게 그의 생각이다. 놀라운 실적을 내는 한 종목만 제대로 찾는다면 다른 종목들이 부진해도 투자에 성공할 수 있다고 설명했다.[8]

변동성이 큰 시장에 대응하는 자세에 대해서도 언급했다. 영원한 약세장이나 강세장은 없기 때문에 변동성이 커진 시장에서는 버티는 것이 중요하다는 것이다. 시장이 하락하기 시작하면 그 하락세가 영원할 것 같지만 그렇지 않다며, 시장이 어떤 움직임을 보이든 인내심을 잃지 않는 것이 중요하다고 조언했다.[9]

📈 코스피200 상승률을 2배 앞선 린치의 전략

그가 지금까지 주목받는 이유 중 하나는 최고의 순간에 은퇴했기 때문이다. 그는 1990년 마젤란펀드를 140억 달러(약 16조 원)까지 키운 뒤 시장을 떠났다. 그래서 1980년대 소비주를 중심으로 한 그의 전략이 IT · 바이오 등 새로운 산업이 주목받는 지금, 특히 한국 시장에서 효과가 있을지에 대한 의문이 제기되기도 한다. 이에 린치의 전략을 토대로 그가 한국에서 관심을 가졌을 만한 종목을 선정해 모의투자를 했다. 그 결과, 2002년 이후 누적 수익률 기준으로 코스피200

지수의 상승률을 2배 가까이 앞선 것으로 나타났다.

린치 포트폴리오는 우량주 위주의 코스피200지수에 편입된 종목 중 다음의 조건을 기준으로 20개를 추려 구성했다.

- PEG 1 이하(PER/3년 평균 EPS 증가율)
- PER 50배 이하
- 과거 3년간 EPS 증가율 20% 이상
- 부채비율 100% 이하
- 최근 3년간 매출 증가율이 최근 3년간 재고자산 증가율보다 높은 기업 중 PEG가 낮은 순

모의투자 결과, 2002년 이후 2020년 3월 말까지 린치 전략의 누적 수익률은 267.42%였다. 연평균 7.49%의 수익이다. 같은 기간 코스피200지수는 연평균 6.32% 성과를 냈다. 연간 수익률로도 코스피200지수를 웃돈 경우가 많았다. 2003년엔 코스피200지수가 34.94% 오르는 동안 129.50%의 수익을 냈다. 반면 2004년과 2006년, 2008년, 2016~2020년에는 코스피200보다 성과가 낮았다(〈도표 3-1〉, 〈도표 3-3〉). 린치의 투자 전략은 이익 증가세가 보이는 기업을 아주 비싸지 않을 때 매수해 보유하는 것이 특징이다. 이 때문에 글로벌 경제가 침체로 빠져든다는 생각이 주를 이루는 시기에는 성과를 내지 못했다. 이때는 이익이 급증하는 기업이 많지 않기 때문이다. 주도주가 뚜렷한 대형주 장세에서도 상대적으로 성과가 부진했다.

〈도표 3-1〉 피터 린치 vs 코스피200: 세부 지표

(기준 시점: 2020.3.31.)

지표	피터 린치	코스피200
수익률		
총수익률	267.42%	201.44%
연평균 복리 수익률(CAGR)	7.49%	6.32%
최대 수익률	14.11%	12.23%
최소 수익률	−12.44%	−10.33%
최대 손실폭	−66.55%	−52.41%
최대 손실폭 기간	260일	271일
최대 증가	887.08%	568.79%
위험		
표준편차(연간화)	24.46%	21.57%
추적오차(연간화)	14.72%	−
위험/수익률		
샤프비율	0.43	0.40

〈도표 3-2〉 피터 린치 vs 코스피200: 누적 성과

(2002.4.=100)

※ 누적 성과는 로그 변환을 통해 조정된 수치

〈도표 3-3〉 **피터 린치 vs 코스피200: 연도별 수익률**

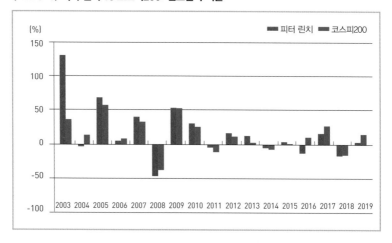

📈 2020년 린치 종목: 패션주·지주사

린치의 전략으로 종목을 선정하면 비교적 업종별로 고르게 분포되는 양상을 보인다. 특히 PEG 지표를 통해 성장성이 높으면서도 저평가 매력도가 있는 종목이 선별되는 것이 특징이다.

린치의 전략을 따를 경우 2020년 한국 시장에서 담아야 할 종목으로는 신세계인터내셔날·휠라홀딩스 등 패션주, 오리온홀딩스·쿠쿠홀딩스 등 지주사가 꼽혔다. 패션주와 지주사 등은 실적에 비해 주가가 많이 하락해 PEG가 낮아진 상태이므로 성장성 대비 주가가 싼 것으로 볼 수 있다. 경기 관련 소비재 업종의 경우, 코로나19 충격이 마무리되는 국면에 이르면 그간 일시적으로 눌렸던 소비의 이연 수요에 따른 수혜가 기대된다(〈도표 3-4〉).

종목	PEG (배)	부채/자본 (%)	PER (배)	최근 3년 평균 EPS 성장률(%)
일양약품	0.94	57.72	41.15	43.79
오리온홀딩스	0.78	10.75	22.14	28.55
한전KPS	0.51	0.70	11.49	22.56
오리온	0.36	18.66	19.34	54.15
신세계인터내셔날	0.31	63.43	21.19	68.72
현대엘리베이터	0.30	52.01	38.26	125.87
휴켐스	0.28	18.96	11.67	41.50
휠라홀딩스	0.27	58.73	12.09	44.24
쿠쿠홀딩스	0.20	0.32	8.22	40.98
영풍	0.13	6.07	4.76	35.46
금호석유화학	0.08	43.96	7.35	94.05
보령제약	0.07	34.90	21.67	303.86
비지에프	0.06	3.28	19.93	355.84
동아에스티	0.05	32.03	14.16	294.56
LG이노텍	0.03	87.52	32.38	1,130.00
SK디스커버리	0.02	78.15	4.24	272.32

📈 미국 시장에서도 높은 성과 기록

린치의 기준을 미국 시장에 적용해봤을 때도 우수한 성적을 내는 것으로 나타났다. 미국 S&P500과 나스닥에 상장된 시가총액 상위 50% 종목 중 다음의 조건을 기준으로 50개를 뽑았다.

- PEG(PER/3년 평균 EPS 증가율) 0.5 이하

- PER 50배 이하

- 최근 3년간 평균 EPS 증가율 25% 이상

- 부채비율 100% 이하

- 최근 3년간 매출 증가율이 최근 3년간 재고자산 증가율보다 큰 기업 중 PEG가 낮은 순

이 같은 전략을 토대로 종목을 선정해 모의투자를 한 결과 지난 18년 동안의 연평균 수익률이 S&P500지수를 소폭 앞선 것으로 나타났다. 연평균 6.82%로 S&P500지수(6.74%)보다 높았다(〈도표 3-5〉).

연도별로 보면 금융위기를 겪었던 2008년(-39.61%)과 2011년(-15.65%), 2018(-13.41%)을 제외하고는 2.80~56.20%의 꾸준한 성과를 냈다. 가장 상승률이 좋았던 해는 2009년(56.20%)으로, S&P500지수의 수익률(26.47%)을 크게 웃돌았다. 2003년(47.96%)과 2013년(40.59%)에도 높은 수익률을 올렸다(〈도표 3-7〉).

하지만 코로나19로 벌어진 급락장에선 린치 포트폴리오의 성적이 나빴던 것으로 나타났다. 2020년 들어 3월 말까지 린치 종목의 수익률은 -30.39%로 시장 수익률(-19.60%)을 크게 밑돌았다.

〈도표 3-5〉 피터 린치 vs S&P500지수: 세부 지표

(기준 시점: 2020.3.31.)

지표	피터 린치	S&P500지수
수익률		
총수익률	228.23%	223.69%
연평균 복리 수익률(CAGR)	6.82%	6.74%
최대 수익률	11.59%	11.58%
최소 수익률	−11.31%	−11.98%
최대 손실폭	−59.24%	−55.26%
최대 손실폭 기간	427일	369일
최대 증가	569.92%	528.72%
위험		
표준편차(연간화)	23.37%	19.56%
추적오차(연간화)	10.65%	−
위험/수익률		
샤프비율	0.36	0.38

〈도표 3-6〉 피터 린치 vs S&P500지수: 누적 성과

(2002.4.=100)

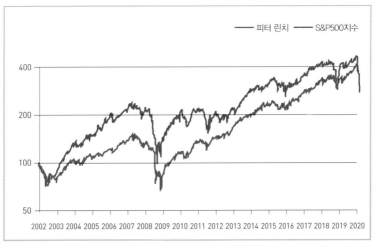

※ 누적 성과는 로그 변환을 통해 조정된 수치

〈도표 3-7〉 피터 린치 vs S&P500지수: 연도별 수익률

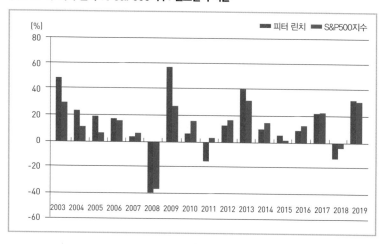

📈 미국 시장에선 IT·건강관리 업종 주목

피터 린치 전략은 이익 성장세가 양호한 기업을 합리적인 가격에
사는 데 초점을 맞춘다. 앞서의 기준을 통해서 선별된 종목들을 살
펴보면 IT 업종과 건강관리 업종의 비중이 높은데, 대표적인 성장주
투자의 면모가 엿보이는 대목이다. 2018년 이후 미국에서는 에너지,
IT, 건강관리 등 업종의 이익이 꾸준히 개선됐다. 반면 에너지, 반도
체 및 IT 업종을 중심으로 급격한 가격 조정이 나타나면서 에너지
등 관련 업종에 해당하는 종목들의 성장성 대비 가격 매력도가 높
아졌다. 린치의 전략을 따를 경우 2020년 미국 시장에서 담아야 할
종목으로는 아이오니스 파마슈티컬스, 마이크론 테크놀로지, 다이
오즈 등이 꼽혔다(〈도표 3-8〉).

종목	PEG (배)	부채/자본 (%)	PER (배)	최근 3년 평균 EPS 성장률 (%)	시가총액 (달러)
아이오니스 파마슈티컬스 (Ionis Pharmaceuticals)	0.00	46.87	27.45	24717.56	65억
마이크론 테크놀로지(Micron Technology)	0.01	15.87	7.59	646.19	443억
다이오즈 (Diodes)	0.01	13.09	21.35	1752.46	19억
크로노스 그룹(Khronos Group)	0.01	0.41	14.28	1099.52	18억
아레나 파마슈티컬스 (Arena Pharmaceuticals)	0.01	5.80	5.74	415.89	20억
플로서브 (Flowserve)	0.02	86.17	24.67	1488.38	30억
나이츠브리지 시핑 (Knightsbridge Shipping)	0.02	88.47	19.12	1030.86	4억
코셉트 세러퓨틱스 (Corcept Therapeutics)	0.03	0.93	13.33	503.91	13억
쉐브론 (Chevron)	0.03	21.25	20.10	629.10	1,288억
스마트 글로벌 홀딩스 (SMART Global Holdings)	0.03	75.52	12.91	381.79	5억
버크셔 해서웨이 (Berkshire Hathaway)	0.04	25.49	23.15	644.18	4,258억
심플리 굿 푸드 (Simply Good Foods)	0.04	22.80	44.78	1208.75	17억
리뉴어블 에너지 그룹 (Renewable Energy Group)	0.04	20.00	2.78	75.13	7억
반다 파마슈티컬스 (Vanda Pharmaceuticals)	0.04	3.55	7.78	197.16	5억
제록스 홀딩스 (Xerox Holdings)	0.04	79.58	9.16	226.90	37억
캐벗 오일 & 가스 (Cabot Oil & Gas)	0.05	58.37	10.68	207.85	66억
코노코필립스 (ConocoPhillips)	0.06	45.16	18.10	320.54	318억
존슨앤드존슨 (Johnson & Johnson)	0.06	48.23	20.11	331.93	3,395억

홀리프런티어 (HollyFrontier)	0.07	45.03	9.39	139.55	35억
웨스트락 (Westrock)	0.07	86.13	9.39	130.22	69억
인페이즈 에너지 (Enphase Energy)	0.08	43.44	35.29	462.49	36억
잉가솔랜드(Ingersoll Rand)	0.08	89.28	35.10	454.51	98억
엑셀릭시스(Exelixis)	0.09	3.01	17.27	192.52	50억
뉴몬트(Newmont)	0.10	30.82	32.92	327.95	375억
베린트 시스템스 (Verint Systems)	0.11	77.27	41.38	380.29	23억
린데 PLC(Linde PLC)	0.12	28.92	29.01	251.29	855억
넥스트젠 헬스케어 (NextGen Healthcar)	0.12	2.93	38.81	332.22	5억
그린 브릭 파트너스 (Green Brick Partners)	0.13	44.34	9.28	71.65	3억
버텍스 파마슈티컬스 (Vertex Pharmaceuticals)	0.15	11.06	47.88	321.13	584억
존슨 콘트롤즈 인터내셔널 (Johnson Controls Internationa)	0.15	22.44	22.42	149.00	192억
텍스트론 (Textron)	0.16	74.18	11.97	76.31	56억
퍼도세오 에듀케이션 (Perdoceo Education)	0.16	14.88	12.05	75.98	7억
팬 아메리칸 실버 (Pan American Silver)	0.16	12.81	32.59	204.76	30억
액셀리스 테크놀로지스(Axcelis Technologies)	0.17	12.93	48.19	284.25	5억
트리마스 (TriMas)	0.18	46.29	21.58	121.57	9억
헬렌 오브 트로이 (Helen of Troy)	0.19	32.19	16.61	89.58	32억
필립스 66 (Phillips 66)	0.19	47.94	13.23	71.31	216억
폼팩터 (FormFactor)	0.19	14.68	47.10	251.91	14억

베이커 휴즈 (Baker Hughes)	0.19	21.64	23.25	120.83	101억
호킨스 (Hawkins)	0.19	38.82	15.94	82.33	3억
액티비전 블리자드 (Activision Blizzard)	0.20	23.02	31.51	161.12	442억
폴로 랄프 로렌 (Polo Ralph Lauren)	0.20	20.96	20.42	102.96	48억
파이어니어 내추럴 리소시스 (Pioneer Natural Resources)	0.23	26.13	18.43	80.60	112억
컬럼버스 매키넌 코퍼레이션 (Columbus McKinnon Corporation)	0.24	69.65	12.55	51.34	5억
풀티그룹 (PulteGroup)	0.25	58.32	10.70	43.66	56억
헬머리치 & 페인 (Helmerich and Payne)	0.25	11.95	20.16	81.46	15억
아리스타 네트웍스 (Arista Networks)	0.25	3.42	21.06	83.82	147억
프리모리스 서비스 (Primoris Services)	0.25	94.76	15.60	61.84	7억
스틸 다이내믹스 (Steel Dynamics)	0.26	69.12	11.17	43.78	46억
테크 데이터 (Tech Data)	0.26	54.25	14.12	54.13	45억

📈 미국 시장의 대표적인 린치 종목

마이크론 테크놀로지

1978년 설립된 미국의 메모리 반도체 기업이다. 전 세계 18개국에 진출해 있으며 D램, 낸드 플래시 등 주모 메모리 반도체를 생산·제조·판매한다. 삼성전자, SK하이닉스에 이어 업계 3위다. 2019년

〈도표 3-9〉 **마이크론 테크놀로지: 매출 및 영업이익**

(단위: 달러)

구분	2016년	2017년	2018년	2019년
매출	123억 9,900만	203억 2,200만	303억 9,100만	233억 600만
영업이익	1억 6,400만	58억 3,900만	146억 900만	69억 8,000만

〈도표 3-10〉 **마이크론 테크롤로지: 최근 5년간 주가 변동 추이**

(단위: 달러)

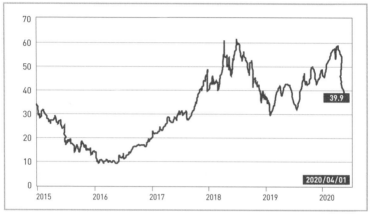

출처: 블룸버그

말 기준 D 램 시장 점유율은 22.3%다. 전체 매출의 3분의 2가 D 램에서 나오기에 D 램 가격 상승이 매출과 직결된다. D 램 시장 성장에 따른 수혜가 기대된다.

주력 시장은 중국으로 2019년 말 기준 매출의 53%가 중국 시장에서 발생했다. 2019년 말 싱가포르에 낸드 공장을 건설했고, 2020년 말까지는 D 램 공장도 완공할 계획이다.

📈 개인 투자자들에게 적합한 전략

린치의 전략은 개인 투자자들에게 적합한 전략으로 평가받는다. 거시경제보다 개별 기업의 가치에 주목했고, 상대적으로 저렴한 중·소형주 투자 비중이 높기 때문이다. 이채원 한국투자밸류자산운용 사장은 "개인 투자자의 수익률이 낮은 것은 정보 부족도 있지만 주식 연구에 쏟는 시간이 부족하기 때문"이라며, "개인 투자자도 기관이나 외국인이 투자하지 않지만 내재가치가 있는 종목을 '연구'해 투자하면 성과를 낼 수 있다"라고 말했다.

이와 관련해 개인들은 선진국보다 신흥국 시장에서 '린치 종목'을 발굴할 기회가 더 많다는 분석도 나온다. 개별 기업 연구를 통해 높은 성과를 볼 수 있는 시장은 애널리스트의 관심이 적은 곳이기 때문이다. 같은 기업을 분석한다고 할 때 애널리스트와 개인의 역량 및 정보 접근 능력은 차이가 클 수밖에 없다. 개인들이 대형주보다 소형주, 선진국보다는 신흥국에서 더 많은 기회를 잡을 수 있다고 보는 것도 이 때문이다.

또한 린치의 전략은 장기투자에 적합한 것으로 평가받는다. 2002년부터 2019년까지 누적 수익률 분석 결과에서도 2012년 이후 코스피200지수와 격차가 급격히 벌어지는 것으로 나타났다.

피터 린치 투자 철학의
세 가지 특징

피터 린치는 세계적인 펀드운용사 피델리티 인베스트먼트의 마젤란펀드를 운용하면서 1977년부터 1990년까지 연평균 29.2%의 수익률을 기록했다. 같은 기간 S&P500보다 2배의 수익률을 올렸다. 이 펀드의 운용 규모는 당시 세계 최고 수준에 도달했다. 1977년 그가 마젤란펀드를 처음 맡았을 때 펀드 운용 자산은 2,000만 달러에 불과했지만, 그가 펀드매니저를 그만둔 1990년에는 140억 달러로 불어나 있었다. 한창 전성기인 마흔일곱 살에 가족과의 소중한 시간을 위해 돌연 은퇴를 선언함으로써, 그의 책 제목처럼 '전설로 떠나는 월가의 영웅'이 되었다.

이 대목에서 한 가지 궁금증이 생긴다. 그는 대체 어떤 전략으로 투자를 했기에 이런 놀라운 성과를 거둘 수 있었을까? 은퇴 이후 집필한 세 권의 책과 대중을 상대로 한 강연을 살펴보면 세 가지 큰 특징을 발견할 수 있다.

첫 번째 특징은 소형주에 대한 애정이다. 그는 '고객들에게 자신의 투자 실패를 변명해야 하는' 기관 투자자와 달리 개인 투자자들은 그런 굴레에서 자유롭다는 이점을 지니고 있다고 주장한다. 실제로 그는 재무구조가 건실하고 이익 전망이 밝음에도 대부분의 기관 투자자가 외면하는 종목을 발굴하고 투자해 숱한 '10루타'를 기록했다. 그가 활발하게 운용하던 1980년대 후반, 마젤란펀드가 보유한 종목의 숫자는 900개를 넘어섰다고 한다. 물론 이 때문에 토요일과 일요일에도 회사에 나와 일할 수밖에 없어, 결국 펀드매니저 생활을 그만두기로 했다.

두 번째 특징은 밸런스다. 그는 성장주에 많은 관심을 가지고 있었지만 '성장주 펀드'라는 이유로 대부분의 주식이 고평가된 상황에서도 종목을 매입해야' 하는 일에는 전혀 흥미가 없었다. 그는 주당매출액과 주당순이익이 만족스러운 수준으로 증가하는 기업을 선호했지만, 그 주식의 가격이 합리적인 수준인가도 중요하게 생각했다. 이런 그의 투자 철학을 시장에서는 GARP(Growth at Reasonable Price) 전략이라고 지칭하기도 했다.

마지막으로 그는 크라이슬러 같은 경기순환주 투자의 귀재이기도 했다. 기본적으로 종목을 분석할 때 장기투자의 관점으로 분석하려 노력했다. "여러 번 거듭해서 성공을 거둔 투자 비법 중 하나는 어떤 산업이 점점 악화되고 있다는 의견이 대세가 될 때까지 기다렸다가 그 산업에서 가장 선도적인 기업의 주식을 사는 것이다"라고 밝힌 적도 있다. 특히 "당신이 제품 가격의 동향에 밝은 배관공이라면, 구리 회사가 싸 보인다는 이유만으로 주식을 매입한 펀드매니저보다 돈을 벌 확률이 훨씬 더 높다"라는 말은 금융 업계의 역사에 길이 남을 조언으로 꼽힌다. 물론 모든 분야에서 기술자가 펀드매니저를 이긴다는 뜻은 아닐 것이다. 그는 은퇴 25주년을 맞이해 이뤄진 인터뷰에서 "아무것도 모르는 주식에 투자하는 행위는 도박과 같으며, 바람직하다고 볼 수 없다"라고 덧붙이기도 했다.

린치가 은퇴한 뒤 30년 가까이 지나면서 시장에선 그의 전략이 여전히 유효한지에 대한 의구심이 있다. 그러나 그가 '펀드 대중 투자' 시대를 열어젖힌 위대한 투자자일 뿐 아니라, 개인들도 실행에 옮기기 쉬운 탁월한 전략을 제시했다는 점에서 그의 투자 철학과 기법에 관심을 두는 것은 지금도 가치가 있다고 본다.

4장

마법 공식의 창시자, 조엘 그린블라트

Warren Buffett
Benjamin Graham
Peter Lynch
Joel Greenblatt
David Dreman
Kelley Wright
David Swensen
Gary Antonacci
Jesse Livermore
William J. O'Neil

모든 계란을 한 바구니에 넣고 그것을 바라보는 전략은
생각보다 위험하지 않다.

조엘 그린블라트

📈 우량한 기업의 주식을 싸게 사는 마법 공식

조엘 그린블라트는 '마법 공식'의 창시자로 유명하다. 마법 공식은 큰 틀에서 보면 '우량한 기업의 주식을 싸게 사는' 가치투자 방법이다. 그린블라트가 다른 가치투자자들과 차별화되는 점은 그 방법을 수치화해 단순하게 만들었다는 것이다. 그는 자본수익률(Return On Capital)과 이익수익률(Earnings Yield)이라는 두 가지 지표만을 가지고 종목을 판단했다. 더 놀라운 사실은, 헤지펀드 매니저로 활동한 20년간 이 단순한 공식을 가지고 836%의 누적 수익률을 올렸다는 것이다. 그의 방법론은 수학적·통계적인 기법을 활용해 투자 종목을 발굴하는 퀀트투자에 대한 관심을 키웠다. 그린블라트는 《주식 시장을 이기는 작은 책》에서 "좋은 회사를 싸게 산다는 자세만 유지한다면 변덕스러운 '미스터 마켓'이 거저 주는 회사들을 체계적으로 살 수 있다"라고 말했다.[1]

그린블라트는 1985년 고담캐피털이라는 헤지펀드를 설립했다. 2005년까지 이 펀드를 운용하면서 연환산 복리 수익률 40%를 기록했다. 1985년에 1억 원을 투자했다면 2005년에 836억 원의 수익을 낼 수 있었던 셈이다.

그린블라트는 벤저민 그레이엄, 워런 버핏 등의 뒤를 잇는 가치투자자로 꼽힌다. 그는 그레이엄 등의 강의를 들은 적은 없지만 책을 통해 그의 생각을 공유하며 투자에 대해 배웠다고 한다. 그린블라트는 1999년부터 2019년까지 '가치투자의 산실'로 꼽히는 컬럼비아 경영대학원에서 강의도 했다. 이곳은 버핏이 그레이엄의 강좌를 들었던 곳이기도 하다.

그린블라트는 저렴한 가격에 거래되는 기업을 찾아야 한다며 그레이엄이 강조한 안전마진 개념을 중시했다. 예를 들어 기업 분석을 통해 추정한 주당 적정 가격이 70달러인데 현재 시장에서 37달러에 거래되고 있다면, 그 차이만큼이 안전마진이 돼 투자 손실이 발생하는 것을 막아줄 수 있다는 것이다.[2]

그는 이것을 자본수익률로 평가했다. 그린블라트가 사용한 자본수익률 산정 공식은 '이자 및 세전 이익(EBIT)/(유동자산-유동부채)+(비유동자산-감가상각비)'다. 여기서 유동자산은 1년 이내에 현금으로 바꿀 수 있는 자산, 유동부채는 1년 이내에 상환해야 하는 채무를 말한다. 비유동자산은 고정자산 등 현금화하는 데 1년 이상 걸리는 자산을 의미한다. 감가상각비는 공장이나 기계설비와 같은 고정자산에 대해 시간이 지나면서 가치가 떨어지는 만큼을 가격으로 환산한 것이다.

그린블라트는 이와 함께 이익수익률이 높은 우량기업을 찾아야 한다고 했다. 이익수익률 공식은 'EBIT/(시가총액+순차입금)'이다. 여기서 순차입금은 총차입금에서 보유 현금유동성을 차감한 것이다.

그는 자본이익률과 이익수익률을 양자택일의 문제로 접근해선 안 된다고도 했다. 가장 싸거나 가장 우수한 것만으로는 부족하고 우수하면서도 가격이 낮은 최상의 기업을 찾아야 한다는 것이 그의 지론이었다.[3]

용어 설명

- EBIT(Earnings Before Interest and Tax, 이자 및 세전 이익): EBIT는 이자비용, 법인세 등을 차감하기 전 이익이다(당기순이익+법인세+이자비용 = EBIT). 영업이익과 비슷하지만 영업이익은 영업과 관련된 수익과 비용을 고려한 수치(매출-매출원가-영업 관련 비용 = 영업이익)라는 점에 차이가 있다.

- EBITDA(Earnings Before Interest, Taxes, Depreciation and Amortization, 법인세·이자·감가상각비 차감 전 영업이익): EBITDA는 EBIT에 감가상각비를 합한 것이다. 이론적으로는 이자비용 및 법인세 공제 전 이익에서 감가상각비와 무형자산상각비를 가산해 산출하지만, 편의상 영업이익과 감가상각비의 합으로 계산한다.

- EV/EBIT(Enterprise Value/EBIT): EV는 기업의 미래 수익 창출 능력을 현재가치로 환산한 것으로, '시가총액+순부채(= 이자 발생부채-현금성자산)'로 구한다. 이를 EBIT로 나눈 것이 EV/EBIT이며, 이 값이 낮을수록 저평가 상태임을 의미한다. 예를 들어 이 값이 3이라면 투자원금으로 시가총액을 회수하고 부채까지 상환하는

데 3년이 걸린다는 뜻이다. PER과 달리 산업 부문과 상관없이 기업들을 비교할 수 있다는 장점을 갖는데, 시장 평균을 밑돌면 이 기업은 저평가됐다고 볼 수 있다. 다만 과도한 부채나 투자 등으로 재무건전성이 악화된 경우에는 알아채기 어려우므로 다른 지표들과 함께 사용하는 것이 좋다.

📈 코스피200 적용 시 18년간 626% 수익률

그린블라트의 마법 공식은 너무 단순한 까닭에 그의 주장대로 효과가 있을지 의문이 제기돼왔다. 하지만 한국 주식시장에서도 유효한 것으로 나타났다. 그의 전략을 토대로 종목을 선정해 모의투자를 한 결과, 2002년부터 2020년 3월 말까지 누적 수익률 기준으로 코스피200지수 상승률을 3배 넘게 웃돈 것으로 나타났다.

한국의 마법 공식 종목은 코스피200지수에 편입된 종목 중 자본수익률과 이익수익률을 기준으로 각각의 순위를 부여한 뒤 평균을 내 상위 20% 종목을 추렸다. 2002년부터 3월 말 결산 기준 실적을 가지고 매년 4월 1일 리밸런싱하는 것으로 가정했다.

그 결과 그린블라트 전략의 18년 누적 수익률은 626.80%였다. 연환산 복리로 11.64%의 수익률이다. 같은 기간 코스피200지수는 201.44% 올랐다.

〈도표 4-1〉 마법 공식 vs 코스피200: 세부 지표

(기준 시점: 2020.3.31.)

지표	마법 공식	코스피200
수익률		
총수익률	626.80%	201.44%
연평균 복리 수익률(CAGR)	11.64%	6.32%
최대 수익률	12.84%	12.23%
최소 수익률	−11.98%	−10.33%
최대 손실폭	−65.14%	−52.41%
최대 손실폭 기간	260일	271일
최대 증가	1,857.36%	568.79%
위험		
표준편차(연간화)	24.29%	21.57%
추적오차(연간화)	14.07%	−
위험/수익률		
샤프비율	0.61	0.40

〈도표 4-2〉 마법 공식 vs 코스피200: 누적 성과

(2002.4.=100)

※ 누적 성과는 로그 변환을 통해 조정된 수치

〈도표 4-3〉 마법 공식 vs 코스피200: 연도별 수익률

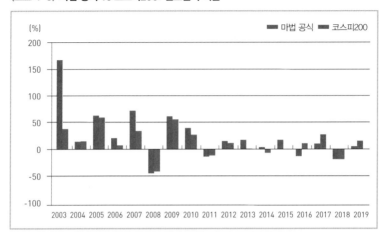

마법 공식은 하락장보다는 상승장에서 큰 효과를 발휘했다. 2008
년이나 2015년, 2016년처럼 국내 주식시장이 부진할 때는 마법 공
식 포트폴리오의 성과가 코스피200보다 안 좋았다. 자본수익률이
높은데 이익수익률도 높다는 것은 업황이 안 좋은 상황일 가능성도
있기 때문이다. 불황에는 이 같은 약점이 더 두드러지는 것으로 분
석된다.

📈 2020년 그린블라트 종목: 건설·정유화학·IT부품

종목을 선정한 기준이 2019년 회계 발표 자료이기 때문에 일부 기
업에 대해서는 2020년 수익성에 의문이 생길 수 있다. 특히 코로나
19의 전 세계적 발발 이후 글로벌 경기 둔화에 대한 우려가 불거지

면서 글로벌 및 국내 기업들의 실적 전망이 잇달아 하향 수정되고 있기에 수익성 저하 우려가 높다. 그러나 자본수익률이 높은 기업은 그린블라트의 말대로 특별한 경쟁우위가 있기 때문에 앞으로도 평균 이상의 수익을 낼 것으로 기대할 수 있다.

〈도표 4-4〉 마법 공식 전략에 따른 한국 증시 편입 종목

종목	자본수익률(%)	이익수익률(%)
HDC현대산업개발	21	840
DB하이텍	23	115
오리온	18	254
종근당	15	186
롯데정밀화학	13	270
코웨이	46	56
휠라홀딩스	17	69
휴켐스	15	104
대림산업	13	886
호텔신라	16	72
현대글로비스	14	76
한솔케미칼	16	43
엘에스일렉트릭	10	269
GS건설	11	79
한국항공우주산업	13	42
한일현대시멘트	13	46
삼성전기	12	62
일양약품	13	35
LG이노텍	13	36

마법 공식에 따르면 2020년 한국 시장에서 담아야 할 종목으로는 HDC현대산업개발·대림산업·현대건설·GS건설 등 건설주, 롯데정밀화학·한솔케미칼 등 정유·화학주, 삼성전기·LG이노텍 등 IT부품주가 꼽혔다.

📈 S&P500을 넘어서는 수익률

그린블라트의 기준을 미국 시장에 적용해봤을 때도 우수한 성적을 내는 것으로 나타났다. 미국 S&P500과 나스닥에 상장된 시가총액 상위 50% 종목 중 다음을 기준으로 상위 50개를 뽑았다.

- 자본수익률 순위
- 이익수익률 순위
- 자본수익률과 이익수익률 합산 순위

이를 토대로 종목을 선정해 모의투자를 한 결과를 봤을 때 지난 18년 동안의 누적 수익률(475.61%)이 S&P500지수(223.69%)를 크게 앞선 것으로 나타났다. 연평균 10.21%로 S&P500지수(6.74%)보다 높았다.

연도별로 보면 금융위기를 겪었던 2008년(-24.08%)과 2015년(-1.99%), 2018년(-5.50%)을 제외하고는 2.40~40.20%의 꾸준

〈도표 4-5〉 **마법 공식 vs S&P500지수: 세부 지표**

(기준 시점: 2020.3.31.)

지표	마법 공식	S&P500지수
수익률		
총수익률	475.61%	223.69%
연평균 복리 수익률(CAGR)	10.21%	6.74%
최대 수익률	11.00%	11.58%
최소 수익률	−11.61%	−11.98%
최대 손실폭	−49.22%	−55.26%
최대 손실폭 기간	431일	369일
최대 증가	908.78%	528.72%
위험		
표준편차(연간화)	19.71%	19.56%
추적오차(연간화)	6.72%	−
위험/수익률		
샤프비율	0.56	0.38

〈도표 4-6〉 **마법 공식 vs S&P500지수: 누적 성과**

(2002.4.=100)

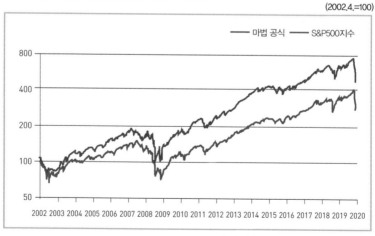

※ 누적 성과는 로그 변환을 통해 조정된 수치

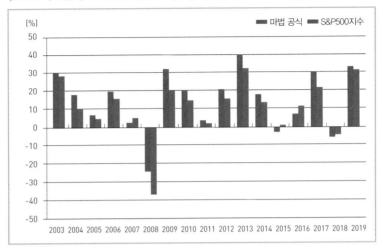

〈도표 4-7〉 마법 공식 vs S&P500지수: 연도별 수익률

한 성과를 냈다. 수익률이 가장 좋았던 해는 2013년(40.20%)으로, S&P500지수의 상승률(32.29%)을 크게 웃돌았다. 2019년(33.28%)과 2009년(33.25%)에도 높은 수익률을 올렸다.

📈 그린블라트 전략으로 선정한 미국 기업들

그린블라트의 마법 공식에 쓰인 자본수익률, 이익수익률을 더 간소화하여 ROE, PER과 같이 직관적으로 이해할 수도 있다. 자본수익률(곧 ROE)을 통해서 기업 실적의 우량함을 판별하고, 이익수익률(곧 PER)을 통해서 저평가되어 있는지를 보는 것이다. 그 결과 선별된 종목들에도 애플, 마스타카드, 존슨앤드존슨, 텍사스 인스트루먼츠 등 대표적인 우량 종목들이 포함돼 있음을 확인할 수 있다.

그린블라트의 전략을 따를 경우 2020년 미국 시장에서 담아야 할 종목으로는 록히드 마틴, 윈마크, 내셔널 리서치, 리뉴어블 에너지 그룹 등이 꼽혔다.

〈도표 4-8〉 마법 공식 전략에 따른 미국 증시 편입 종목

종목	자본수익률 (%)	이익수익률 (%)	시가총액 (달러)
윈마크 (Winmark)	0.87	49.32	4억
코헤루스 바이오사이언스 (Coherus BioSciences)	0.37	36.98	10억
마스타카드 (Mastercard)	0.57	5.87	2,297억
HP (Hewlett Packard)	0.51	6.46	212억
페이첵스 (Paychex)	0.37	11.17	217억
오토매틱 데이터 프로세싱 (Automatic Data Processing)	0.34	9.60	560억
내셔널 리서치 (National Research)	0.64	2.01	11억
S&P 글로벌 (S&P Global)	0.39	2.70	564억
패스널 (Fastenal)	0.34	3.95	175억
리뉴어블 에너지 그룹 (Renewable Energy Group)	0.34	2.75	7억
TJX 컴퍼니스 (TJX Companies)	0.27	10.24	534억
코파트 (Copart)	0.33	3.33	151억

리간드 파마슈티컬스 (Ligand Pharmaceuticals)	0.55	1.42	11억
에스티 로더 (Estée Lauder)	0.29	5.44	551억
부킹 홀딩스 (Booking Holdings)	0.34	2.16	522억
텍사스 인스트루먼츠 (Texas Instruments)	0.38	1.66	904억
바이오젠 (Biogen)	0.32	2.26	510억
CSW 인더스트리얼스 (CSW Industrials)	0.20	12.57	8억
퀄컴 (Qualcomm)	0.33	1.87	753억
램리서치 (Lam Research)	0.26	2.89	325억
베리사 인(VeriSign)	0.96	0.63	204억
폭스 팩토리 홀딩 (Fox Factory Holding)	0.22	3.70	14억
유니버설 포레스트 프로덕츠(Universal Forest Products)	0.17	23.04	20억
데니스 Denny's)	0.47	0.65	4억
레이시온 (Raytheon)	0.20	7.01	340억
아이덱스 래버러터리스 (IDEXX Laboratories)	0.54	0.61	196억
로크웰 오토메이션 (Rockwell Automation)	0.34	1.10	166억
그랜드 캐니언 에듀케이션 (Grand Canyon Education)	0.17	10.68	35억
홈디포 (Home Depot)	0.52	0.54	1,919억
메틀러 톨레도 인터내셔널 (Mettler-Toledo International)	0.36	0.64	157억
애플 (Apple)	0.29	1.08	1조 540억
커민스 (Cummins)	0.21	2.09	193억

말리부 보트 (MalibuBoats)	0.27	1.14	5억
존 B. 샌필리포 & 선 (John B. Sanfilippo & Son)	0.20	2.17	9억
케이포스 (Kforce)	0.26	1.47	5억
아이덱스 (IDEX)	0.17	2.50	101억
어플라이드 머티어리얼즈 (Applied Materials)	0.23	1.53	397억
W. W. 그레인저 (W. W. Grainger)	0.30	0.66	126억
풀 코퍼레이션 (Pool Corporation)	0.32	0.63	78억
크록스 (CROCS)	0.27	0.89	10억
다든 레스터런츠 (Darden Restaurants)	0.20	1.74	55억
C. H. 로빈슨 월드와이드 (C. H. Robinson Worldwide)	0.26	0.93	87억
옴니콤 그룹 (Omnicom Group)	0.20	1.81	112억
시스코 시스템즈 (Cisco Systems)	0.22	1.10	1,625억
존슨앤드존슨 (Johnson & Johnson)	0.17	1.88	3,395억
록히드 마틴 (Lockheed Martin)	0.26	0.75	954억
렌트어센터 (Rent A Center)	0.24	0.92	7억
무디스 (Moody's)	0.24	0.82	369억
휴마나 (Humana)	0.18	1.63	394억
롤링스 (Rawlings)	0.21	1.02	115억

📈 미국 시장의 대표적인 그린블라트 종목

텍사스 인스트루먼츠

1951년 설립된 반도체 제조 업체이며 세계 최초로 집적회로(IC)를 개발했다. 아날로그칩, 집적회로, 디지털신호처리기(DSP), 무선정보인식장치(RFID), 계산기 등 시스템 반도체를 주로 생산한다. 제품 수가 8만 개에 달할 정도다. 인텔, 삼성, 도시바에 이어 세계 4위의 반도체 기업으로 아날로그 반도체 분야에서는 1위를 달리고 있다. 아날로그 반도체는 제품별로 기술 특허가 필요하기 때문에 신규 진입이 쉽지 않은 시장으로 여겨진다. 미국 아날로그 디바이스, 독일 인피니온 등이 주요 경쟁자로 꼽힌다.

시스템 반도체는 정보를 저장하는 메모리반도체와 달리 주요 정보를 분석, 계산, 처리하는 기능을 담당한다. 핸드폰에 쓰이는 애플리케이션 프로세서(AP), 자동차에 들어가 다양한 기능을 조정하는 차량용 반도체, 전력용 반도체, 이미지센서, AI반도체 등이 대표적이다. 삼성전자·SK하이닉스 등이 모두 메모리 반도체 분야에서 성과를 내고 있기 때문에 한국에는 잘 알려져 있지 않지만, 전체 시장의 3분의 2 이상이 시스템 반도체일 정도로 시장 규모가 크다. 삼성전자도 이 분야를 강화하겠다는 투자 계획을 발표한 바 있다.

〈도표 4-9〉 텍사스 인스트루먼츠: 매출 및 영업이익

(단위: 달러)

구분	2016년	2017년	2018년	2019년
매출	113억 7,000만	149억 6,100만	157억 8,400만	143억 8,300만
영업이익	48억 5,500만	60억 8,300만	67억 1,300만	57억 2,300만

〈도표 4-10〉 텍사스 인스트루먼츠: 최근 5년간 주가 변동 추이

(단위: 달러)

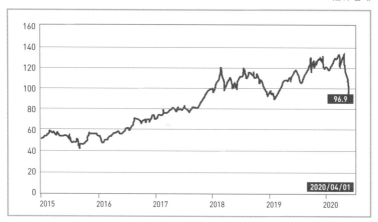

출처: 블룸버그

애플

설명이 필요 없는 IT 대표 기업이다. 아이폰, 아이패드, 맥북, 에어팟 등 하드웨어 기업으로 알기 쉽지만 그보다 더 중요한 것은 애플 뮤직, 애플 TV, 앱스토어 등 애플 생태계를 운영하는 플랫폼 기업이라는 점이다. 매출총이익률 중 60% 이상이 콘텐츠에서 나온다. 최근에는 클라우드 관련 투자를 늘리는 한편 자율주행차, 애플 TV 등으로 사업 영역을 넓혀가고 있다. 시가총액이 2조 달러를 넘어 한국 유가증권시장 전 종목의 시가총액을 합친 것보다 크다.

〈도표 4-11〉 **애플: 매출 및 영업이익**   (단위: 달러)

구분	2016년	2017년	2018년	2019년
매출	2,156억 3,900만	2,292억 3,400만	2,655억 9,500만	2,601억 7,400만
영업이익	600억 2,400만	613억 4,400만	708억 9,800만	639억 3,000만

〈도표 4-12〉 **애플: 최근 5년간 주가 변동 추이**   (단위: 달러)

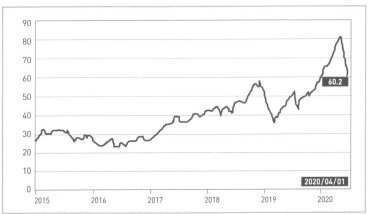

※ 주식 분할 후 가격
출처: 블룸버그

📈 마법 공식을 효과적으로 활용하려면

마법 공식의 효과를 보려면 추천 종목 중 한두 종목에 집중 투자하
는 것보다는 추천 종목 전체에 투자해야 한다. 마법 공식으로 선정
한 상위 20~30개 종목 가운데 어떤 종목의 수익률이 좋고, 어떤 종
목이 나쁠지 단언할 수 없기 때문이다. 그린블라트는 선정한 종목
들이 수익에 비해 평균적으로 싸게 팔리고 있다는 사실만 알 수 있
다고 설명했다.[4]

마법 공식은 매우 단순하기 때문에 개인 투자자에게 적합한 방법이란 얘기도 나온다. 이상건 미래에셋은퇴연구소 상무는 "개인 투자자들이 집중해서 매일 종목을 분석하고 기업의 변화 과정을 추적하기란 쉽지 않기 때문에 마법 공식을 추천하는 것"이라며, "주식이 유망한가에 따라 종목 수를 정하는 것이 아니라 자신의 능력과 시간에 따라 투자법을 결정해야 한다"라고 말했다.

다른 가치투자자들처럼 그린블라트도 장기투자를 강조했다. 공식에 따르다 보면 시장에서 인기 없는 종목을 사야 하는 경우도 많고, 몇 년 동안은 시장보다 못한 수익률을 거둘 수도 있다. 하지만 그는 성과를 내지 못해도 꾸준히, 인내심을 가지고 투자하라고 주문했다.

공식에 포함되는 기업들의 미래가 그다지 좋아 보이지 않고, 다른 사람들의 관심이 없을 수도 있다고 인정했다. 하지만 바로 그 때문에 염가로 보이는 가격에 좋은 기업을 발견할 수 있는 것이라고도 강조했다.[5] 이는 미스터 마켓의 변덕 때문이라는 것이 그의 설명이다. 모두 알다시피 미스터 마켓은 매우 감정적이라 주식을 적정한 가격보다 싸게 팔기도 하고, 어떨 때는 너무 비싸게 가격을 매기기도 한다.

그린블라트는 장기로 투자한다면 성과가 있을 것으로 자신하면서, 탁월한 투자 전략들이 제대로 실력을 발휘하기 위해서는 상당한 시간이 걸린다는 것을 인정해야 한다고 말했다. 그가 바람직하다고 생각하는 투자 기간은 최소 5년이며 가능하다면 10년, 20년까지 바라봐야 한다고 했다.[6]

그린블라트의 마법 공식,
퀀트 붐을 일으키다

고담캐피털을 운영하던 조엘 그린블라트는 1999년 《주식시장의 보물찾기》라는 '특수상황 투자'에 대한 책을 펴냈다. 이 책은 당시 금융시장 전문가들 사이에서 선풍적인 인기를 끌었다. 특수상황 투자란 인수합병과 분할, 구조조정 등을 통해 자본구조가 변화하는 기업에 투자하는 것을 말한다.

그린블라트는 이후 2006년 《주식시장을 이기는 작은 책》을 통해 큰 명성을 얻었다. 퀀트투자에 대한 관심을 불러일으킨 것도 이 책이다. 이 책은 초등학생 아들에게 "아빠는 이런 일을 하는 사람이야"라고 주식 세계를 설명해주면서 초등학생도 돈을 벌 수 있는 방법, 이른바 '마법 공식'에 대해 설명해준다. 마법 공식은 두 가지 회계지표에 주목하는 투자 기법이다. 우선 이익수익률이 높은 종목을 찾는다. 예를 들어 1주가 1만 원이고 1,000원의 주당순이익을 기록한다면, 이 회사의 이익수익률은 10%다. 그린블라트는 이익수익률이 높은 종목에 투자하라고 권한다.

한 가지 문제가 있다. 이익 대비 주가가 싸다고 해서 꼭 좋은 기업이라고 볼 수는 없다는 것이다. 예를 들어 경영진이 회삿돈을 횡령해 감옥에 갔을 수도 있고, 심지어는 기업의 파산 위험이 커져 주가가 폭락했기에 이익수익률이 높아졌을 가능성도 있다. 이 문제를 해결하기 위해 그린블라트는 자본수익률이 높은 주식에 투자하라고 한다. 예를 들어 어떤 회사가 사업을 위해 조달한 자본이 400억 원인데 200억 원의 이익을 냈다면 자본수익률은 50%다.

그린블라트는 미 증시에 상장된 회사(시가총액 5,000만 달러 이상인 3,500개 주식)를 이익수익률과 자본수익률 순서로 나열해 가장 순위가 높은 기업에 투자할 것을 권했다. 그의 계산에 따르면, 마법 공식으로 고른 기업에 1988년부터 2009년까지 투자했을 경우 연 23.8%의 수익률을 올리는 것으로 나타났다. 같은 기간 S&P500지수의 성과는 연 9.5%였다. 시가총액이 큰 상위 1,000개 기업을 대상으로 마법 공식을 적용한 성과도 19.7%에 달했다고 주장한다. 참고로 그는 마법 공식 투자 사이트를 통해 마법 공식에 따른 투자 적합 종목 리스트를 실시간으로 제공하고 있다.

그린블라트의 마법 공식을 비판하고 한계를 지적하는 의견도 있다. 그가 주장하는 수익률에 대한 의혹도 꾸준히 제기됐다. 투자 전문가인 웨슬리 그레이와 토비아스 칼라일은 자신들의 책 《퀀트로 가치투자하라》에서 1964~2011년 마법 공식을 적용한 성과는 연 12.44%에 불과했다고 주장했다. 같은 기간 S&P500지수 상승률 9.5%를 넘어선 것은 사실이지만 그린블라트의 주장과 격차가 크다는 점이 꽤 논란이 됐다. 마법 공식에 대한 또 다른 비판은 미국이 아닌 다른 나라에서도 적용될 수 있느냐는 것이었다. 이번 한국 증시에서의 마법 공식 성과 검증을 통해 이 의문은 상당 부분 해소된 것으로 봐도 될 것 같다.

5장

역발상 투자를 창안한
데이비드 드레먼

Warren Buffett
Benjamin Graham
Peter Lynch
Joel Greenblatt
David Dreman
Kelley Wright
David Swensen
Gary Antonacci
Jesse Livermore
William J. O'Neil

경험에 따르면 '모두'가 같은 결론을 내릴 때
그 결론은 거의 항상 틀린 것이었다.

데이비드 드레먼

📈 투자자는 언제나 과잉반응한다

데이비드 드레먼은 '역발상 투자'라는 투자 기법의 창시자다. '효율적 시장 이론'에 맞서, 시장이 효율적이지 않고 사람은 합리적이지 않으며 감정에 따라 과잉반응한다는 주장을 폈다. 그는 전통주의자들의 맹렬한 비판에도 꿋꿋이 논리를 키워나갔다. 역발상 투자가 '언제나 시장을 이기는 투자법'이라고 확신했기 때문이다.

그의 저서 《데이비드 드레먼의 역발상 투자》에 따른 투자 성과도 우수했다. 1970년부터 40여 년간 역발상 투자 수익률은 시장의 2배가 넘은 것으로 나타났다. 그는 "인간은 본능적으로 최고의 주식과 업종은 선호하고 최악은 멀찌감치 피한다"며, "하지만 장기적으로 인기주와 비인기주는 모두 평균으로 돌아오게 돼 있다"라고 설명했다.[1]

드레먼이 처음부터 역발상 투자를 강조한 것은 아니다. 증권 애널리스트로서 막 커리어를 쌓아가던 시절인 1969년 당시 인기주에 투자해 75%의 손실을 봤다. 이후 그는 투자자들의 심리와 행동 패턴에 관심을 쏟았다. 그리고 시장을 지배해온 효율적 시장 가설을 정면으로 반박하고 '투자자 과잉반응 가설'이라는 새로운 패러다임을 제시했다. 이를 바탕으로 드레먼은 1977년 드레먼밸류매니지먼트를 설립했다. 이 회사는 2019년 기준으로, 40억 달러(약 4조 5,488억 원)가 넘는 기관과 개인 자금을 운용했다.

역발상 투자의 기본 원칙은 인간이 합리적이지 않다는 것이다. 합리적이지 않은 인간이 활동하는 시장 역시 효율적이지 않다. 인간의 감정이 문제다. 드레먼은 인간은 어떤 생각이나 개념을 좋아하고 싫어함에 따라 위험 여부를 판단한다고 지적했다. 주식 가격에 거품이 끼고, 때로는 공포로 인해 시장이 급락하는 것 역시 시장이 효율적이지 않기 때문이라고 말했다.[2]

📈 인기 없는 소외주에 투자하라

드레먼은 시장에서 몸값이 치솟는 인기주 대신 소외주에 투자해야 한다고 했다. 또한 전문가들이 추천하고 좋아하는 주식은 절대 사면 안 된다고 했다.[3] 전문가들이 개인보다 많은 정보를 알지만, 그렇다고 예측 정확도가 높은 것은 아니며 오히려 인기주에 대한 편견으로 지나치게 낙관적인 경향이 있다고 드레먼은 지적했다. 또 정보가 많다고 해서 언제나 더 좋은 판단을 내릴 수 있는 것은 아니라고도 했다. 인간은 그만큼 많은 정보를 효과적으로 처리해 판단에 활용할 수 없기 때문이다.[4]

인기주는 내재가치보다 고평가되는 일이 잦다고도 지적했다. 이 때문에 터무니없이 비싼 가격이라도 더 오를 것이라고 생각하는 경우가 많고, 반대로 가격이 폭락하면 본래 가치를 생각하지 않고 더 떨어진다고 생각한다는 것이다.[5]

그는 이런 인간의 본성을 활용해 인기 없는 종목을 찾는 역발상 투자를 제안했다. PER, PBR, 주가현금흐름비율(PCR), 주가배당비율(PDR)이 낮은 종목에 투자하는 방식이다. 이는 시장 평균을 크게 웃도는 성과를 냈다. 미국 시장에서 지난 25년간 저PER주로 포트폴리오를 구성해 투자했을 때 누적 수익률이 3,511%에 달했다. 저PCR(3,464%), 저PBR(3,064%) 종목도 높은 성과를 냈다.

이채원 한국투자밸류자산운용 사장은 "주가가 적정 가치 수준에서 거래되는 시기는 그리 길지 않다"며, "역발상 투자는 인기 없는 주식에 투자하는 가치투자의 원칙과 정확하게 일치한다"라고 말했다.

하지만 일반적으로 시장에 단기적으로 접근하는 투자자들은 기업의 펀더멘털보다는 주식시장에서의 수익에 관심을 갖는다. 그는 인간이 직관적으로 생각하기 때문에 평균회귀 원칙을 이해하지 못한다고 지적했다.[6] 평균회귀는 시장은 변동성이 있지만 결국 평균으로 수렴한다는 원칙이다. 예를 들어 주가가 오를 때 깔끔한 직선 그래프를 그리기보다는 구불구불한 곡선으로 오른다. 하지만 결국 장기적으로는 본래 가치에 가까워진다.

용어 설명

- PCR(Price Cash Flow Ratio, 주가현금흐름비율): PCR은 현재 주가를 주당현금흐름(CPS)으로 나누어 구한다. 여기서 CPS는 기업의 현금흐름을 총 발행주식수로 나눈 것이다. PCR은 기업의 현금흐름에 비해 현재 주가가 고평가 또는 저평가됐는지를 판단할 수 있는 지표다. 특히 기업의 이익만을 이용하는 PER의 경우 기업의 영업활동 이외에서 오는 일회성 요인들이 반영되면서 순수한 영업 성과의 왜곡이 발생할 수 있는데, PCR은 이를 보완할 수 있다는 장점을 가지고 있다.

- PDR(Price Dividend Ratio, 주가배당비율): PDR은 현재 주가를 주당배당금(DPS)으로 나누어 구한다. 장기적인 투자 관점에서 기업이 지급하는 배당금의 총합은 결국 기업의 현재가치를 결정하는 요인으로 볼 수 있다. 따라서 기업이 지급한 배당금 대비 현재 주가를 비교함으로써 시장가치의 고평가 · 저평가 여부를 판단해볼 수 있다. 다만, 배당금을 지급하지 않는 경우도 상당수 존재하기 때문에 이 지표는 다른 가치평가 지표들과 함께 사용할 필요가 있다.

📈 한국 시장에서도 통하는 드레먼의 전략

드레먼의 투자 전략은 한국 투자자에게도 유효한 것으로 나타났다. 그의 전략을 토대로 자산 포트폴리오를 구성해 모의투자를 한 결과,

2002년(블룸버그 데이터 확보가 가능한 시점)부터 2020년 3월 말까지 누적 수익률 기준으로 코스피200지수 상승률을 2배 넘게 앞선 것으로 나타났다.

역발상 투자 종목을 뽑기 위해 우량주 위주의 코스피200지수에 편입된 종목 중 PER, PBR, PCR, PDR 등 네 가지 밸류에이션 지표 가운데 하위 30%에 속하면 그때마다 1점씩 부여했다. 그리고 다음의 조건을 만족하는 종목을 뽑았다.

- EPS 증가율 상위 50%
- 유동비율 100% 이상
- 부채비율 하위 50%

그런 다음 밸류에이션 지표(PER, PBR, PCR, PDR)의 총합이 높은 순으로 20개 종목을 선정했다. 선정 방식을 보다 구체적으로 설명하면 PER, PBR, PCR, PDR 지표의 하위 30%에 속하는 경우 '1'점을 부여하고, 그렇지 않은 경우 '0'점을 부여하는 것이다. 만약 PER 지표의 하위 30%에 속하고 나머지 PBR, PCR, PDR 지표의 하위 30%에는 속하지 않는다면 총합은 1이다. 반면, 4개 지표 모두 각각의 하위 30%에 속하는 경우 총합은 4다.

점수의 총합이 같은 경우 EPS 증가율이 높은 종목을 우선 편입했다. 그리고 2002년부터 투자를 시작하되, 매년 4월 1일 리밸런싱하는 것으로 가정했다.

그 결과 드레먼 전략의 18년 누적 수익률은 529.61%였다. 연환산 복리로 10.80%의 수익률이다. 같은 기간 코스피200지수는 201.44% 올랐다. 역발상 투자는 하락장에서 강점을 보였다. 2008년과 2011년, 2018년 약세장 모두에서 코스피200보다 손실률이 낮았다.

역발상 투자가 이미 많이 싸져서 더는 싸지기 힘든 주식을 사는 것이기 때문에 큰 폭의 하락장에서 주가가 비교적 덜 하락한 것으로 분석된다. 하락장에서 방어력을 갖추고 시장이 다시 오를 때는 다른 종목과 함께 수익을 낼 수 있는 방식인 셈이다.

〈도표 5-1〉 데이비드 드레먼 vs 코스피200

(기준 시점: 2020.3.31.)

지표	데이비드 드레먼	코스피200
수익률		
총수익률	529.61%	201.44%
연평균 복리 수익률(CAGR)	10.80%	6.32%
최대 수익률	11.62%	12.23%
최소 수익률	−9.86%	−10.33%
최대 손실폭	−54.32%	−52.41%
최대 손실폭 기간	272일	271일
최대 증가	1,458.90%	568.79%
위험		
표준편차(연간화)	20.42%	21.57%
추적오차(연간화)	13.60%	−
위험/수익률		
샤프비율	0.63	0.40

〈도표 5-2〉 데이비드 드레먼 vs 코스피200: 누적 성과

(2002.4.=100)

※ 누적 성과는 로그 변환을 통해 조정된 수치

〈도표 5-3〉 데이비드 드레먼 vs 코스피200: 연도별 수익률

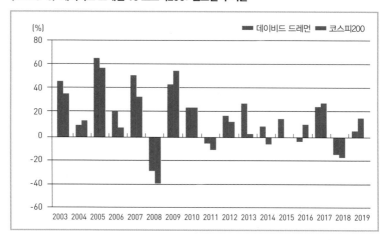

📈 2020년 드레먼 종목: 경기 관련 소비재 및 산업재

드레먼의 전략은 다양한 가치평가 지표를 기준으로 저평가된 종목을 찾아내는 것으로 경기 관련 소비재, 산업재, 소재 업종 기업이 과반수 이상 포함됐다. 2019년 대형 IT 주도주를 중심으로 시장 관심이 집중되며 상대적으로 소외됐던 업종들의 비중이 높았다.

2020년 담아야 할 종목으로는 한섬·영원무역 등 패션주, 기아자동차·현대모비스 등 자동차주가 꼽혔다. 포스코, 영풍, 고려제강 등도 역발상 투자로 담을 만한 종목으로 선정됐다.

전체 시장을 놓고 비인기주를 담는 것이 지루하게 느껴진다면 업종별 소외주를 담는 방식도 고려할 만하다. 이때 주의할 점은 해당 업종 전체 주가의 높고 낮음은 고려해선 안 된다는 것이다. 업종 내에서 상대적으로 저평가된 주식을 담는 것이 중요하다.

〈도표 5-4〉 데이비드 드레먼의 전략에 따른 한국 증시 편입 종목

종목	유동비율 (%)	부채/자본 (%)	최근 연간 EPS 증가율 (%)	PER (배)	PBR (배)	PCR (배)	PDR (배)
포스코	2.13	44.18	9.14	10.36	0.43	3.16	23.65
영풍	2.19	6.07	110.46	4.76	0.34	4.95	64.50
기아자동차	1.25	23.12	58.03	9.72	0.61	4.92	38.52
대림산업	1.58	40.33	2.88	5.25	0.53	3.31	69.62
고려제강	1.43	31.30	195.27	41.18	0.30	5.03	58.71
유니드	1.82	43.22	87.10	6.15	0.58	5.73	38.96
한섬	3.30	2.30	14.65	8.13	0.74	5.08	70.11

남양유업	5.43	4.55	1,356.22	12.73	0.33	−	439.50
영원무역	2.41	23.50	47.11	9.03	0.81	6.48	85.63
동서	13.06	0.07	17.73	12.54	1.28	16.08	24.86
KT&G	4.01	1.91	14.94	11.43	1.37	10.94	23.45
제일기획	1.61	17.69	6.40	17.64	2.57	12.18	29.33
두산밥캣	1.33	20.87	2.83	12.76	0.87	7.11	28.60
한전KPS	3.15	0.70	−4.97	11.49	1.66	10.97	20.39
한국조선해양	1.40	39.35	127.79	57.95	0.77	−	−
에스원	1.91	2.02	42.38	21.60	2.39	11.32	37.48
현대모비스	2.40	9.26	21.51	10.56	0.74	9.15	64.00
고려아연	6.53	0.60	20.01	11.87	1.12	10.84	30.36
현대건설	1.95	30.55	6.78	11.57	0.71	9.84	70.50
그랜드코리아레저	2.16	16.81	−6.92	16.62	2.06	10.23	29.51

📈 S&P500에는 소폭 뒤처져

드레먼의 방법론을 미국 시장에 적용해봤다. 먼저 미국 S&P500과 나스닥에 상장된 기업 중 시가총액 상위 50%인 종목을 추려 PER, PBR, PCR, PDR 총 4개의 밸류에이션 지표들이 각각 하위 30%에 속한다면 그때마다 1점씩 부여했다. 그리고 다음의 조건을 만족하는 종목을 뽑았다.

- EPS 증가율 상위 50%
- 유동비율 100% 이상

- 부채비율 하위 50%
- 자본 총계 0 이상

그런 다음 PER, PBR, PCR, PDR의 총합이 1 이상인 종목들 중 지표 총합이 높은 순으로 20개 종목을 선정했다. 점수가 같은 경우 EPS 증가율이 상위인 종목을 우선 편입했다.

이 같은 전략을 토대로 종목을 선정해 모의투자를 한 결과, 연간 수익률 기준으로 지난 18년 동안 누적 수익률(202.71%)이 S&P500 지수(223.69%)에 소폭 뒤처진 것으로 나타났다. 연평균 6.34%로 S&P500지수(6.74%)를 밑돌았다.

〈도표 5-5〉 데이비드 드레먼 vs S&P500지수

(기준 시점: 2020.3.31.)

지표	데이비드 드레먼	S&P500지수
수익률		
총수익률	202.71%	223.69%
연평균 복리 수익률(CAGR)	6.34%	6.74%
최대 수익률	9.61%	11.58%
최소 수익률	−11.88%	−11.98%
최대 손실폭	−57.55%	−55.26%
최대 손실폭 기간	354일	369일
최대 증가	614.71%	528.72%
위험		
표준편차(연간화)	23.55%	19.56%
추적오차(연간화)	11.09%	−
위험/수익률		
샤프비율	0.34	0.38

연도별로 보면 금융위기를 겪었던 2008년(-37.04%)과 2011년(-12.43%), 2015년(-4.39%), 2018년(-7.36%)을 제외하고는 2.20~46.23%의 꾸준한 성과를 냈다.

〈도표 5-6〉 데이비드 드레먼 vs S&P500지수: 누적 성과

(2002.4.=100)

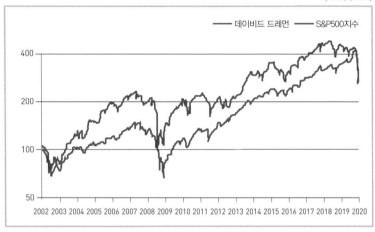

※ 누적 성과는 로그 변환을 통해 조정된 수치

〈도표 5-7〉 데이비드 드레먼 vs S&P500지수: 연도별 수익률

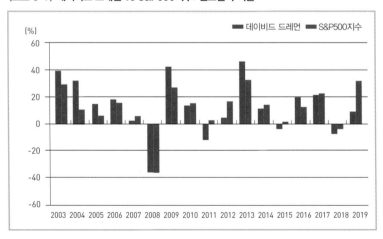

📈 버크셔 해서웨이, 뉴몬트 등에 주목

드레먼의 역발상 투자 전략은 PER, PBR뿐만 아니라 PCR, PDR과 같이 다양한 측면을 고려해 저평가된 종목을 찾아낸다. 일반적으로 단일 지표를 사용하여 종목을 스크리닝하면 업종별 특성 탓에 특정 업종의 비중이 지나치게 높아지는 경향이 있다. 하지만 드레먼의 전략은 총 네 가지 밸류에이션 지표를 사용함으로써 상대적으로 고른 분포를 가지는 점이 특징이다.

역발상 전략을 따를 경우 2020년 미국 시장에서 담아야 할 종목으로는 켈리 서비스, 산미나, 버크셔 해서웨이 등이 꼽혔다.

〈도표 5-8〉 데이비드 드레먼의 전략에 따른 미국 증시 편입 종목

종목	유동비율 (%)	부채/자본 (%)	최근 연간 EPS 증가율 (%)	PER (배)	PBR (배)	P/CF (배)	PDR (배)
켈리 서비스 (Kelly Services)	1.59	5.43	383.05	10.35	0.69	8.50	74.03
산미나 (Sanmina)	1.74	23.46	249.64	10.58	1.36	5.80	–
허먼 밀러 (Herman Miller)	1.48	38.10	26.51	12.52	2.90	9.68	44.92
아레나 파마슈티컬스 (Arena Pharmaceuticals)	16.90	5.80	1,368.25	5.74	2.13	3.98	–
스콜라스틱 (Scholastic)	1.77	1.37	414.29	50.42	0.91	10.01	55.15
뉴스 코퍼레이션 (News Corporation)	1.21	14.09	110.38	59.43	0.86	8.50	67.45
슈퍼 마이크로 컴퓨터 (Super Micro Computer)	2.35	2.51	53.19	13.41	1.03	3.68	–
리뉴어블 에너지 그룹 (Renewable Energy Group)	1.89	20.00	27.47	2.78	0.93	–	–

코셉트 세러퓨틱스 (Corcept Therapeutics)	7.91	0.93	26.15	13.33	3.73	10.16	–
홀리시스 오토메이션 테크놀로지스 (Hollysys Automation Technologies)	3.25	2.45	16.95	8.75	1.21	10.50	105.56
크로노스 그룹 (Khronos Group)	4.72	0.41	3,847.30	14.28	1.53	–	–
알렉시온 파마슈티컬스 (Alexion Pharmaceuticals)	4.25	24.51	2,977.14	12.36	2.12	11.58	–
버크셔 해서웨이 (Berkshire Hathaway)	1.95	25.49	1,937.00	23.15	1.30	14.34	–
더 미트 그룹 (Meet Group)	1.68	20.81	650.00	32.57	1.80	9.87	–
핀테크 애퀴지션 (FinTech Acquisition Corp III)	2.88	0.00	519.70	87.14	0.35	–	–
뉴몬트 (Newmont)	2.63	30.82	496.88	32.92	1.64	11.14	30.17
넷기어 (Netgear)	2.49	5.90	386.21	27.71	1.20	56.06	–
반다 파마슈티컬스 (Vanda Pharmaceuticals)	5.95	3.55	334.00	7.78	2.14	18.98	–
앤지오다이내믹스 (Angiodynamics)	4.30	21.45	272.73	–	1.15	18.81	–
캐털리스트 파마슈티컬스 (Catalyst Pharmaceuticals)	4.62	1.08	193.94	12.50	4.42	11.15	–
존슨 콘트롤즈 인터내셔널 (Johnson Controls International)	1.37	22.44	178.63	22.42	1.73	31.77	42.20
아스텍 인더스트리스 (Astec Industries)	2.93	0.98	137.50	39.92	1.57	8.41	95.45
액시아 세러퓨틱스 (Axxia Pharmaceuticals)	11.83	2.86	111.62	48.17	3.15	7.03	–
질렛 새틀라이트 네트웍스 (Gilat Satellite Networks)	1.85	5.26	94.12	11.96	1.73	12.59	–
보스턴 오마하 (Boston Omaha)	7.48	20.31	84.78	–	1.43	49.85	–
코르테바 (Corteva Inc)	1.64	2.80	81.07	44.67	0.91	20.71	–
가민 (Garmin)	2.95	1.34	36.14	21.80	3.92	26.79	43.21
유나이티드 스테이츠 라임 & 미네랄 (United States Lime & Minerals)	9.80	1.46	31.82	18.69	2.34	10.78	15.33

퍼도세오 에듀케이션 (Perdoceo Education)	3.47	14.88	26.58	12.05	2.99	17.64	–
존슨 아웃도어스 (Johnson Outdoors)	3.67	0.00	24.92	11.48	1.81	12.82	51.88
유니버설 포레스트 프로덕츠 (Universal Forest Products)	3.09	19.39	20.75	16.81	2.41	8.38	121.80
존 B. 샌필리포 & 선 (John B. Sanfilippo & Son)	2.69	11.24	20.63	23.22	3.55	10.87	31.14
에어 프로덕츠 앤드 케미컬스 (Air Products and Chemicals)	2.54	26.39	16.98	27.03	4.42	16.46	48.44
킴볼 인터내셔널 (Kimball International)	1.73	0.07	16.30	15.90	2.96	9.88	54.47
암파스타 파마슈티컬스 (Amphastar Pharmaceuticals)	2.84	15.58	966.67	212.18	2.36	21.70	–
마벨 테크놀로지 그룹 (Marvell Technology Group)	2.16	18.25	893.33	–	1.84	44.35	100.17
실버 스탠더드 리소시스 (Silver Standard Resources)	3.84	25.05	840.00	38.33	2.09	16.29	–
로랄 스페이스 앤드 커뮤니케이션 (Loral Space & Communications)	47.50	0.28	835.48	22.18	2.87	470.25	–
코보 (Qorvo)	3.87	21.09	434.38	32.60	1.96	11.02	–
인티그레이티드 일렉트리컬 서비스 (Integrated Electrical Services)	1.53	0.12	332.84	13.39	1.77	11.21	–
헬렌 오브 트로이 (Helen of Troy)	1.94	32.19	293.90	16.61	2.81	14.97	–
퀸스트리트 (QuinStreet)	1.71	0.00	270.59	13.35	3.59	20.70	–
AC 이뮨 SA (AC Immune SA)	16.72	1.07	178.05	14.29	2.17	10.53	–
폴로 랄프 로렌 (Polo Ralph Lauren)	3.00	20.96	168.84	20.42	3.08	13.34	51.87
램버스 스(Rambus)	7.71	20.09	44.52	–	1.59	11.89	–
사이크스 엔터프라이지스 (Sykes Enterprises)	2.20	33.24	32.76	20.75	1.75	15.21	–
PC 커넥션 (PC Connection)	2.51	2.45	28.93	15.88	2.19	35.73	155.19
시큐어웍스 (Secureworks)	1.10	3.70	18.75	–	1.92	16.07	–

에어 프로덕츠 앤드 케미컬스

1940년에 설립된 회사로 정유, 화학, 금속, 전자, 제조 및 식음료를 포함하는 수십 개의 산업에 산업용 가스 및 관련 장비를 제공한다. 또한 액화 천연가스 공정 기술 및 장비 공급 업체이기도 하다.

고부가가치의 전력, 연료 및 화학물질의 생산을 위해 풍부한 천연자원을 합성가스로 지속 가능한 방식으로 변환하는 가스화 프로

〈도표 5-9〉 **에어 프로덕츠 앤드 케미컬스: 매출 및 영업이익** (단위: 달러)

구분	2016년	2017년	2018년	2019년
매출	75억 400만	81억 8,800만	89억 3,000만	89억 1,900만
영업이익	15억 7,000만	16억 6,500만	19억 1,500만	21억 2,000만

〈도표 5-10〉 **에어 프로덕츠 앤드 케미컬: 최근 5년간 주가 변동 추이** (단위: 달러)

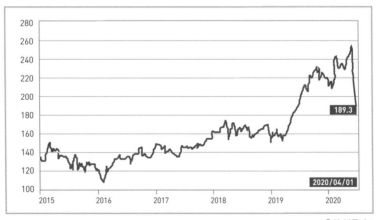

출처: 블룸버그

젝트를 비롯하여 세계 최대의 산업용 가스 프로젝트를 개발, 설계, 건설, 소유 및 운영한다.

뉴몬트

1921년에 설립된 세계 최대의 금광 업체이자 S&P500지수에 편입된 유일한 금 생산 회사다. 주요 사업은 광물 매장지 인수 · 탐사 · 개발이고, 금 이외에도 구리 · 은 · 아연 · 납을 생산 및 판매한다. 2019년 골드코프(Goldcorp Corportation)와 100억 달러 상당의 대규모 합병을 하면서 사업 규모를 확대했다.

⟨도표 5-11⟩ **뉴몬트: 매출 및 영업이익** (단위: 달러)

구분	2016년	2017년	2018년	2019년
매출	67억 1,100만	73억 7,900만	72억 5,300만	97억 4,000만
영업이익	10억 900만	12억 8,900만	11억 7,900만	15억 4,100만

⟨도표 5-12⟩ **뉴몬트: 최근 5년간 주가 변동 추이** (단위: 달러)

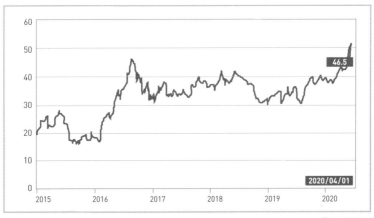

출처: 블룸버그

마벨 테크놀로지 그룹

1995년 설립된 반도체 솔루션 기업으로, 주요 사업 지역은 아시아-태평양 지역이다. 주요 사업 분야로는 집적 회로의 설계, 개발 및 판매와 SoC(System-on-a-Chip) 장치 개발 등이 있다. 또한 최적화된 컴퓨팅 솔루션을 위한 소프트웨어를 제공하고, 이를 활용할 수 있는 통합 하드웨어 플랫폼을 개발한다. 이 외에도 스토리지 저장장치, 네트워킹 및 연결 장치 등이 제품 포트폴리오에 포함되어 있다.

〈도표 5-13〉 **마벨 테크놀로지 그룹: 매출 및 영업이익** (단위: 달러)

구분	2016년	2017년	2018년	2019년
매출	23억 100만	24억 900만	28억 6,600만	26억 9,900만
영업이익	2억 2,600만	5억 500만	1억 7,100만	1억 3,400만

〈도표 5-14〉 **마벨 테크놀로지 그룹: 최근 5년간 주가 변동 추이** (단위: 달러)

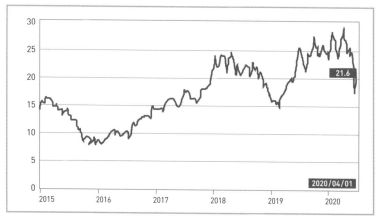

출처: 블룸버그

📈 떨어지는 칼날을 잡아라

드레먼은 역발상 투자로 개인 투자자들도 펀드매니저 등 전문가를
뛰어넘는 성과를 낼 수 있다고 주장했다. 많은 정보와 분석력, 예측력
이 없어도 수익을 낼 수 있는 전략이기 때문이다. 어떤 주식을 고를지
고민할 필요 없이 조건에 맞는 종목을 선택하면 된다. 뛰어난 분석력
이나 매매 감각을 지닌 0.1%를 제외한 대부분의 투자자는 역발상 투
자와 같은 가치투자를 공부하고 활용해야 승산이 있다고 전문가들은
조언한다. 떨어지는 칼날을 잡거나 물타기를 하는 것이 잘못된 투자
법으로 알려져 있지만, 괜찮은 종목이 시장 상황 등에 따라 저평가된
국면이라면 오히려 좋은 투자법이 될 수 있다는 설명이다.

해마다 포트폴리오를 조정하면 더 높은 수익을 얻을 수 있지만,
그러지 않고도 성과를 낼 수 있다는 것도 장점이다. 드레먼은 포트
폴리오를 변경하지 않아도 높은 수익을 유지할 수 있다며, 처음에
신중하게 종목을 선정한다면 이후에는 큰 폭의 변화 없이도 투자
수익을 거둘 수 있다고 말했다.[7]

드레먼의 투자법 역시 다른 가치투자 대가들의 투자법과 마찬가
지로 장기투자에 적합하다. 그는 역발상 투자법의 수익률이 몇 해
동안 시장 수익률에 미치지 못할 수 있다는 것을 인정했다. 하지만
그 종목들이 수십 년간 높은 수익을 기록한 것 역시 사실이다. 그는
자신의 전략이 시장에서 즉시 성공할 것이라고 기대하지 말라고 조
언했다.[8]

데이비드 드레먼,
고집스러운 가치투자자

데이비드 드레먼은 1936년 캐나다 위니펙에서 태어났다. 1965년 미국 월스트리트로 활동무대를 옮겨 큰 성공을 거두고 1977년 드레먼밸류매니지먼트를 설립했다. 1989년까지 사장으로 재직한 뒤 회장 겸 최고투자책임자(CIO)로서 펀드를 직접 운용하며 《데이비드 드레먼의 역발상 투자》 등 여러 권의 베스트셀러를 집필했다.

역발상 투자 전략이라는 말에서 느껴지듯, 그는 주식시장이 매우 감정적이며 기복이 큰 곳이라고 생각했다. 특히 '짧은 시간에 판단을 내리도록 재촉하는' 분위기가 조성될 때는 금융시장이 항상 급박한 움직임을 보였다고 지적한다. 짧은 순간 중요한 의사결정을 해야 할 때 사람들은 감정에 의존하게 된다. 시장이 상승세를 보이고 주변 사람들까지 모두 이 랠리에 동참할 때 '지금이 아니면 영원히 이 가격에 주식을 매수할 수 없다'는 조바심을 느끼며 집단적인 최면에 걸려버린다는 것이다. 또한 버블 뒤에는 필연적으로 패닉이 오는데 이때 감정은 극적인 변화를 겪게 된다. 우량한 기업을 끈기 있게 보유하면 막대한 수익을 거머쥘 수 있지만, 시장이 패닉에 빠질 때는 그런 게 눈에 보일 리가 없다. 앞으로 닥칠 뼈아픈 손실이 계속 머릿속에 떠오르기 때문에 주가가 내려가면 내려갈수록 부정적 감정의 위력이 증폭된다는 게 그의 주장이다.

드레먼은 주식시장이 피폐해지고 투자자들이 주식에서 정을 뗄 때야말로 '극적인 전환'의 가능성이 커지는 시기라고 말한다. 즉 시장에서 소외되고 투자자들이 관심을 주지 않는 주식에 투자하는 전략이야말로 장기적으로 볼 때 가장 승률이 높은 전략이라는 주장이다.

그럼 어떤 종목이 역발상 투자 전략 대상으로 적합할까? 이에 대해 드레먼은 PER, PBR, PCR이 낮고 배당이 높은 종목을 제시한다. 즉 시장보다 주가수익비율이 낮으며, 주당순자산가치에 비해 주가가 싸게 거래되는 기업들에 투자하는 전략을 장기간 반복하라는 것이다. 실제로 그는 1971년부터 2010년까지 39년 동안 주식시장에 상장된 주요 종목을 대상으로 이 전략을 실행에 옮겼다. 그 결과 저PER 종목은 연평균 15.2%, 저PBR과 저PCR 종목은 각각 연평균 14.3%, 14.0%의 놀라운 성과(배당금을 모두 재투자했다고 가정한 수익률)를 기록했다. 같은 기간의 주식시장 평균 상승률(11.6%)을 크게 뛰어넘는 성과다.

드레먼의 운용 전략은 과거에는 대단히 놀라운 성과를 거뒀지만 최근에는 그다지 신통치 않다. 안타깝게도 2011년부터는 역발상 투자 전략이 미국 주식시장에서 부진한 성과를 내고 있다. 드레먼의 전략은 대단히 매력적이며 초보 투자자들이 쉽게 따라 할 수 있다는 장점이 있지만, 매력 넘치는 '역발상 주식'을 발견하는 데 생각보다 훨씬 더 오랜 시간이 걸릴 수 있다는 점도 잊지 말자.

6장

배당주투자 전략을 집대성한
켈리 라이트

Warren Buffett
Benjamin Graham
Peter Lynch
Joel Greenblatt
David Dreman

Kelley Wright

David Swensen
Gary Antonacci
Jesse Livermore
William J. O'Neil

배당은 절대로 거짓말하지 않는다.

켈리 라이트

📈 배당은 거짓말하지 않는다

켈리 라이트는 배당주투자 전략을 집대성한 투자 전문가다. 물론 배당주투자는 라이트 이전에도 있었다. 벤저민 그레이엄과 워런 버핏 등 가치투자자들이 PER·PBR 등으로 저평가된 주식을 찾아낸 것처럼, 라이트는 배당을 통해 블루칩을 선별할 수 있다고 판단하고 그 투자법을 진화시켰다. 가치투자의 토대에 배당주투자라는 집을 지은 것이다. 그가 그레이엄과 버핏을 잇는 가치투자자로 인정받는 이유다.

라이트는 기업이 발표하는 순이익과 장부가치는 그 기업의 내재가치를 측정하는 데 좋은 지표가 아니라고 생각했다. 대신 배당, 즉 현금을 나눠주는 것이야말로 기업이 현재 사업을 통해 수익을 내고 있다는 것을 보여주는 확실한 증거라고 설파했다.[1]

라이트는 대학 시절 그레이엄의 저서 《현명한 투자자》를 접하고 '다우 이론'으로 유명한 찰스 다우의 책을 읽으며 투자를 배웠다. 1984년부터 증권회사에서 일했으며, 1989년 배당주투자에 본격적으로 나섰다. 2002년부터는 배당주투자 관련 뉴스레터인 〈인베스트

먼트 퀄리티 트렌즈(IQT)》의 편집장이 됐다. 현재 이 간행물의 편집
장인 동시에 같은 이름의 투자자문회사 인베스트먼트 퀄리티 트렌
즈의 최고투자책임자로 일하고 있다.

그는 배당은 회사가 건실하다는 것을 보여주는 지표라고 생각했
다. 재무제표 등은 속일 수 있고 속이는 경우도 많지만, 배당은 현
금으로 주는 것이기 때문에 '절대로 거짓말을 할 수 없다'고 했다.
그의 투자 원칙을 정리한 책이 《절대로! 배당은 거짓말하지 않는
다》이다.

배당주투자는 꼬박꼬박 수익을 챙길 수 있어 매력적이다. 주가가
하락해도 배당수익을 통해 손실의 일부를 만회할 수 있다. 주식을
산다는 것은 곧 기업의 일부를 소유하는 것이다. 라이트는 주식투자
에 따른 수익은 주가 상승에 따른 수익과 함께 배당으로 제공된다
고 설명했다.[2]

라이트는 단순한 배당주투자에서 한 걸음 더 나아갔다. 배당을
받는 것 자체도 중요하지만 배당수익률을 통해 기업의 적정 가치
를 판단할 수 있다는 게 그의 지론이다. 그는 배당수익률의 흐름
을 추적하면 주가가 저평가됐는지 고평가됐는지 알 수 있다고 했
다. 즉 배당수익률을 주가 평가의 지표로 사용할 수 있다는 주장
이다. 배당수익률을 바탕으로 주가가 저평가 영역일 때 주식을 사
고, 고평가됐을 때 파는 방식으로 수익을 극대화할 수 있다고 했
다.[3]

배당을 강조하는 그였지만 배당성향이 지나치게 높은 것은 경계

했다. 배당을 지나치게 많이 하는 것은 회사의 장기 성장을 위해 꼭 필요한 투자를 막을 수 있다는 판단에서다. 잉여현금을 쌓아두는 것은 그것대로 문제지만 기업이 투자를 하지 못할 만큼 배당을 늘리는 것은 바람직하지 않으며, 높은 배당성향은 배당의 지속 가능성을 낮추기도 한다고 지적했다.[4]

그는 약세장, 강세장 등과 상관없이 수익을 낼 수 있는 종목을 찾을 수 있다고도 강조했다. 주식시장의 사이클이 하락 구간에 있든 상승 구간에 있든 상관없이 매력적인 수익률을 주는 저평가 기업은 언제나 있다는 설명이다. 블루칩 기업 중 이런 저평가 기업을 골라내 포트폴리오를 구성하면 이후에는 고평가 영역에 진입한 주식만 교체하는 방식으로 성과를 낼 수 있으리라고 조언했다.[5]

고배당 기업이어서 투자했지만 회사가 더는 고배당을 감당하지 못해 배당을 줄이면 주가가 폭락하기도 한다. 예를 들어 장기간 고배당 기업으로 꼽히던 국내의 한 정유사는 영업이익폭이 줄어들면서 갑작스럽게 배당을 줄였다. 주가는 폭락 수준으로 떨어졌고 배당금을 목적으로 투자한 투자자들은 손해를 볼 수밖에 없었다. 튼튼한 기초체력을 바탕으로 배당금이 증가하는 기업에 투자해야 주가 상승을 통한 자본수익과 배당을 통한 배당수익 모두 안정적으로 얻을 수 있다는 교훈을 준 사례다.

용어 설명

- 배당수익률과 배당성향: 배당수익률은 주식 1주를 보유할 때 받을 수 있는 주가 대비 배당금 비율을 뜻한다. 주당 배당금을 주식 가격으로 나눈 후 100을 곱하면 된다. 예를 들어 1만 원짜리 주식의 배당금이 1,000원이라면 배당수익률은 10%다. 배당성향은 당기순이익 중 배당금이 차지하는 비율을 말한다. 기업이 벌어들이는 돈 중 배당에 사용하는 액수가 얼마인지를 의미한다. 배당성향이 높다는 것은 벌어들이는 돈 중 배당금에 쓰는 비율이 높다는 뜻이다. 배당성향이 높은 것이 무조건 좋은 것은 아니다. 기업이 적극적인 투자를 통해 성장할 기회를 놓칠 수도 있기 때문이다. 이 때문에 신흥국 기업들보다는 성장성이 낮은 선진국 기업들의 배당성향이 높은 경향이 있다.

📈 코스피200 상승률을 뛰어넘는 라이트의 전략

라이트의 투자 전략은 한국 투자자에게도 유효한 것으로 나타났다. 그의 전략을 토대로 자산 포트폴리오를 구성해 모의투자를 한 결과, 2002년(블룸버그 데이터 확보가 가능한 시점)부터 2020년 3월 말까지 수익률(누적 기준)이 코스피200지수 상승률의 2배 이상 웃돈 것으로 나타났다(〈도표 6-1〉).

배당주투자 종목을 뽑기 위해 우량주 위주의 코스피200지수에 편입된 종목 중 다음의 조건에 부합하는 종목을 추렸다.

- 과거 5년 연속 배당 지급
- 과거 3년간 주당 배당금이 증가 또는 유지
- 과거 4년 중 최소한 세 번 이상 당기순이익 증가
- 배당성향 60% 이하
- 배당수익률 10% 이하

그리고 배당수익률이 높은 상위 20개 종목을 선정했다. 2002년 부터 매년 4월 1일 리밸런싱하는 것으로 가정했다.

그 결과 18년간 누적 수익률이 473.20%로 나타났다. 연환산 복리로 10.18%의 수익률이다. 같은 기간 코스피200지수는 201.44% 올랐다. 2008년(-36.36%), 2011년(-1.76%), 2016년(-16.40%), 2018년(-13.40%)을 제외하고는 3.44~62.79%의 수익을 꾸준히 올렸다(〈도표 6-3〉).

2019년에는 연말 미·중 무역분쟁 완화에 힘입어 증시가 반등 흐름을 보임으로써 배당수익률이 2018년에 비해 전반적으로 소폭 하락한 것으로 나타났다. 가장 수익률이 높았던 해는 2005년으로 62.79%다. 다만 2020년 들어 3월 말까지의 성적은 -27.89%로 시장 수익률(-19.37%)을 밑돌았다(〈도표 6-3〉).

〈도표 6-1〉 켈리 라이트 vs 코스피200: 세부 지표

(기준 시점: 2020.3.31.)

지표	켈리 라이트	코스피200
수익률		
총수익률	473.20%	201.44%
연평균 복리 수익률(CAGR)	10.18%	6.32%
최대 수익률	9.88%	12.23%
최소 수익률	-10.05%	-10.33%
최대 손실폭	-55.07%	-52.41%
최대 손실폭 기간	274일	271일
최대 증가	1,353.15%	568.79%
위험		
표준편차(연간화)	20.01%	21.57%
추적오차(연간화)	12.15%	-
위험/수익률		
샤프비율	0.61	0.40

〈도표 6-2〉 켈리 라이트 vs 코스피200: 누적 성과

(2002.4.=100)

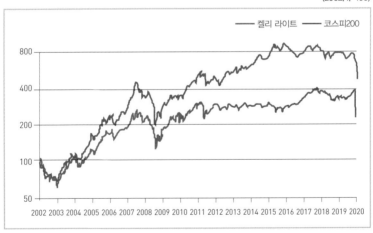

※ 누적 성과는 로그 변환을 통해 조정된 수치

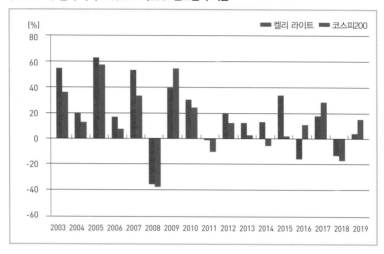

〈도표 6-3〉 켈리 라이트 vs 코스피200: 연도별 수익률

📈 2020년 라이트 종목: 금융 · 반도체 · 식품

라이트의 전략을 바탕으로 2020년 한국 증시에서 투자할 만한 종목으로는 하나금융지주, 우리금융지주, KB금융, 신한금융지주, 한국투자금융지주, NH투자증권 등 금융회사와 삼성전자 등 반도체주가 꼽혔다. 빙그레, 대상 등 식품주도 담을 만한 종목으로 선정됐다. 특히 안정적인 배당금을 지급하는 금융 업종의 비중이 높다는 점이 특징이다(〈도표 6-4〉).

코로나19로 2020년 초반 주가가 급락하며 배당수익률이 높아졌다. 고배당 업종의 투자 매력도 더해졌다.

다만, 코로나19 여파로 대다수 업종의 실적 둔화가 불가피한 상황이므로 향후 투자 시에 배당 여력이 불투명한 종목은 선별해낼 필요가 있다.

〈도표 6-4〉 켈리 라이트의 전략에 따른 국내 증시 편입 종목

종목	배당성향(%)	배당수익률(%)
삼성전자	44.73	2.54
포스코	43.82	4.23
LG상사	40.60	1.99
고려아연	39.09	3.29
삼성증권	38.74	4.40
AK홀딩스	34.59	2.17
엘에스일렉트릭	33.41	2.20
NH투자증권	29.58	3.94
빙그레	29.07	2.41
우리금융지주	27.07	6.03
하나금융지주	26.30	5.69
현대글로비스	26.13	2.45
KB금융지주	26.05	4.64
신한금융지주	25.49	4.27
한국투자금융지주	22.66	4.01
BNK금융지주	21.86	4.70
메리츠종합금융증권	21.82	5.28
LF	21.62	2.70
대상	20.16	2.59
영풍	7.38	1.55

📈 미국 시장에서도 성과 낸 라이트 전략

라이트의 투자 전략은 미국에서도 유효한 것으로 나타났다. 그의 전략을 토대로 자산 포트폴리오를 구성해 모의투자를 한 결과, 2002년부터 2020년 3월 말까지 수익률(누적 기준)은 S&P500지수 상승률을 웃돌았다.

배당주투자 종목을 뽑기 위해 미국 S&P500과 나스닥에 상장된 시가총액 상위 50% 기업 중 다음의 조건에 부합하는 종목을 추렸다.

- 과거 5년 연속 배당 지급
- 과거 3년간 주당 배당금이 증가 또는 유지
- 과거 4년 중 최소한 세 번 이상 당기순이익 증가
- 배당성향 60% 이하
- 배당수익률 10% 이하

그리고 배당수익률이 높은 상위 50개 종목을 선정했다. 2002년부터 2020년까지 18년간이며, 매년 4월 1일 리밸런싱하는 것으로 가정했다. 그 결과 18년간 누적 수익률은 226.73%로, 연환산 복리로 하면 6.79%의 수익률을 기록했다. 같은 기간 S&P500지수 상승률(223.69%)과 비슷한 수준이다. 2019년 12월까지는 400% 이상이던 수익률이 2020년 들어 코로나19 충격에 크게 낮아졌다(〈도표 6-5〉).

〈도표 6-5〉 켈리 라이트 vs S&P500지수: 세부 지표

(기준 시점: 2020.3.31.)

지표	켈리 라이트	S&P500지수
수익률		
총수익률	226.73%	223.69%
연평균 복리 수익률(CAGR)	6.79%	6.74%
최대 수익률	10.95%	11.58%
최소 수익률	-13.77%	-11.98%
최대 손실폭	-59.63%	-55.26%
최대 손실폭 기간	573일	369일
최대 증가	652.73%	528.72%
위험		
표준편차(연간화)	22.87%	19.56%
추적오차(연간화)	11.01%	-
위험/수익률		
샤프비율	0.36	0.38

〈도표 6-6〉 켈리 라이트 vs S&P500지수: 누적 성과

(2002.4.=100)

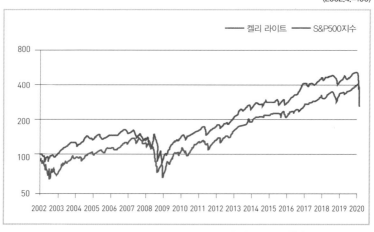

※ 누적 성과는 로그 변환을 통해 조정된 수치

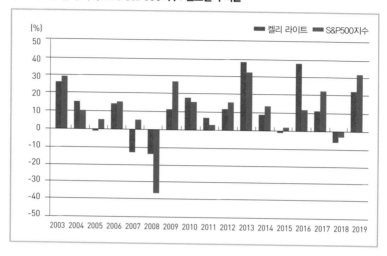

〈도표 6-7〉 켈리 라이트 vs S&P500지수: 연도별 수익률

📈 미국 시장에선 화이자, 서던 컴퍼니 등 선정

켈리 라이트의 배당주 전략을 미국 증시에 적용해본 결과 금융 업종에 속하는 종목의 비중이 굉장히 높게 나타났다. 이미 미국 증시에 상장되어 있는 이른바 배당귀족주(Dividend Aristocrats) 관련 ETF들의 구성 종목을 살펴보면, 우리의 분석에 비해 상대적으로 여러 업종에 고르게 분포돼 있다.

이번 분석에서 금융주의 비중이 높게 나타난 이유를 살펴보면, 우선 금융 업종은 양호한 배당수익률(2019년 기준 1.96%, S&P500은 1.82%)을 기록하고 있고 특히 S&P500 내 금융 업종은 2014년 이후 주당순이익이 한 번도 감소하지 않고 꾸준히 개선됐다. 반면, 그 외

업종들은 연간 순이익의 감소가 발생하는 경우들도 있었기 때문에 배당 전략 스크리닝 기준 중 세 번째인 '과거 4년 중 최소한 세 번 이상 당기순이익 증가' 조건을 충족하지 못했다.

라이트 전략을 적용할 때 2020년 미국 시장에서 관심을 가질 만한 종목으로는 모바일 미니, 뉴몬트, 서던 컴퍼니 등이 꼽혔다.

〈도표 6-8〉 켈리 라이트의 전략에 따른 미국 증시 편입 종목

종목	배당성향 (%)	배당수익률 (%)	시가총액 (달러)
모바일 미니 (Mobile Mini)	58.64	2.90	10억
뉴몬트 (Newmont)	36.79	3.31	375억
B. 라일리 파이낸셜 (B. Riley Financial)	57.12	6.99	4억
서던 컴퍼니 (Southern Company)	54.23	3.86	525억
유넘그룹 (Unum Group)	21.02	3.74	26억
씨게이트 테크놀로지 (Seagate Technology)	35.32	5.35	124억
화이자 (Pfizer)	49.98	3.73	1,761억
엔터지 (Entergy)	57.33	3.06	171억
CVB 파이낸셜 (CVB Financial)	48.68	3.34	27억
유니베스트 파이낸셜 (Univest Financial)	35.66	2.99	4억
더 치즈케이크 팩토리 (The Cheesecake Factory)	48.70	3.55	7억
올드 내셔널 뱅코프 (Old National Bancorp)	37.56	2.84	21억

세이프티 인슈어런스 그룹 (Safety Insurance Group)	52.16	3.67	12억
밸리 내셔널 뱅코프 (Valley National Bancorp)	50.03	3.84	27억
리퍼블릭 뱅코프 (Republic Bancorp)	46.22	4.31	6억
피플스 뱅코프 (Peoples Bancorp)	50.08	3.81	4억
글레이셔 뱅코프 (Glacier Bancorp)	54.91	2.85	31억
샌디 스프링 뱅코프 (Sandy Spring Bancorp)	36.31	3.12	7억
메트라이프 (MetLife)	28.72	3.41	255억
퍼스트 파이낸셜 뱅코프 (First Financial Bancorp)	45.17	3.54	13억
피프스 서드 뱅코프 (Fifth Third Bancorp)	28.82	3.06	95억
헤리티지 커머스 (Heritage Commerce)	55.38	3.74	4억
퍼스트 인터스테이트 뱅크 시스템 (First Interstate BancSystem)	43.76	2.96	18억
움프쿠아 홀딩스 (Umpqua Holdings)	52.52	4.75	22억
레이크랜드 뱅코프 (Lakeland Bancorp)	35.56	2.82	5억
헤인즈브랜즈 (Hanesbrands)	36.52	4.05	26억
피플스 유나이티드 파이낸셜 (People's United Financial)	54.28	4.19	44억
웨스뱅코 (WesBanco)	43.79	3.28	14억
그레이트 서던 뱅코프 (Great Southern Bancorp)	39.90	3.27	5억
커뮤니티 트러스트 뱅코프 (Community Trust Bancorp)	40.65	3.17	5억
파카 (Paccar Group)	52.01	4.53	208억
풀턴 파이낸셜 (Fulton Financial)	41.08	3.21	17억

인터퍼블릭 그룹 오브 컴퍼니스 (Interpublic Group of Companies)	55.35	4.07	56억
퍼스트 뷰지 (First Busey)	43.88	3.05	8억
시티즌스 파이낸셜 그룹 (Citizens Financial Group)	35.60	3.35	73억
캐세이 제너럴 뱅코프 (Cathay General Bancorp)	35.51	3.26	17억
OZK 은행 (Bank OZK)	28.46	3.08	20억
유나이티드 뱅크셰어스 (United Bankshares)	53.64	3.54	22억
헌팅턴 뱅크셰어스 (Huntington Bancshares)	45.70	3.85	76억
펫메드 익스프레스 (PetMed Express)	58.00	4.65	5억
워싱턴 트러스트 뱅코프 (Washington Trust Bancorp)	50.74	3.72	5억
옴니콤 그룹 (Omnicom Group)	42.71	3.21	112억
사우스사이드 뱅크셰어스 (Southside Bancshares)	57.03	3.39	9억
패키징 코퍼레이션 오브 아메리카 (Packaging Corporation of America)	43.21	2.82	79억
트러스트코 은행 (TrustCo Bank)	45.25	3.14	5억
호프 뱅코프 (Hope Bancorp)	41.47	3.77	9억
리전스 파이낸셜 (Regions Financial)	38.72	3.44	79억
타이슨 푸드 (Tyson Foods)	53.73	3.51	202억
뉴코 (Nucor)	38.67	2.85	108억
스틸 다이내믹스 (Steel Dynamics)	31.22	2.82	46억

📈 미국 시장의 대표적인 라이트 종목

서던 컴퍼니

1945년 설립된 가스 및 전기 · 전력 회사로, 미국 남동부에서 3만 2,000메가와트 이상의 발전 능력을 갖추고 있다. 앨라배마 전력, 조지아 전력 등 자회사를 두고 있다. 대표적인 경기방어주로 꼽히며 꾸준한 배당도 매력이라는 평가를 받는다. 3월, 6월, 9월, 12월 네 차례 배당을 실시한다.

〈도표 6-9〉 **서던 컴퍼니: 매출 및 영업이익** (단위: 달러)

구분	2016년	2017년	2018년	2019년
매출	198억 9,600만	230억 3,100만	234억 9,500만	214억 1,900만
영업이익	46억 2,900만	23억 3,300만	41억 9,100만	77억 3,600만

〈도표 6-10〉 **서던 컴퍼니: 최근 5년간 주가 변동 추이** (단위: 달러)

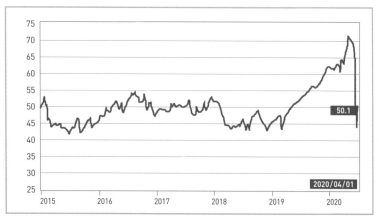

출처: 블룸버그

화이자

미국의 제약사로 1849년 설립됐다. 구충제인 산토닌을 생산한 데 이어 1880년대 구연산을 최초로 개발하며 큰 성공을 거뒀다. 1959년부터는 동물 의약품 개발 분야에도 진출했다. 한국에서는 발기부전 치료제인 비아그라, 멀티비타민 브랜드인 센트룸 등의 개발·판매 업체로 알려져 있다.

〈도표 6-11〉 화이자: 매출 및 영업이익　　　　　　　　　　　　　　(단위: 달러)

구분	2016년	2017년	2018년	2019년
매출	528억 2,400만	525억 4,600만	536억 4,700만	517억 5,000만
영업이익	90억 400만	129억 8,900만	122억 1,500만	187억

〈도표 6-12〉 화이자: 최근 5년간 주가 변동 추이　　　　　　　　(단위: 달러)

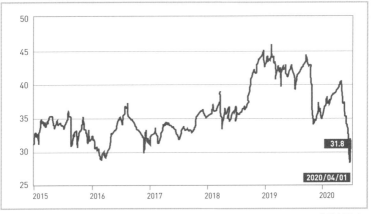

출처: 블룸버그

📈 배당주에 분산투자 하라

라이트가 가치투자자인 만큼 그의 전략 역시 장기투자에 적합하다. 그는 여타 가치투자자들과 마찬가지로 시장과 투자자들의 비합리성을 인정해야 한다고 했다. 이 때문에 기업의 가치가 시장가격에 반영되기까지 시간이 걸리므로, 저평가된 주식을 샀다고 바로 상승하는 것은 아니라는 점을 분명히 했다. 다만 장기적으로 보유했을 때 인플레이션 등을 고려한 수익률은 여타 자산보다 뛰어나다고 강조했다.[6]

그는 좋은 종목을 발견했다고 해서 올인하기보다는 포트폴리오를 짜서 분산투자 하는 것이 좋다고 조언한다. 조엘 그린블라트와 비슷한 부분이다. 라이트는 자신이 주장하는 배당 가치투자 전략은 한 종목에 집중해서 베팅하는 것이 아니라 적어도 20개 이상의 종목에 나눠 투자했을 때 효과적이라고 했다. 또 투자 시점에 잘나가는 특정 섹터와 업종에 올인하는 것을 막기 위해 업종별 상한선을 정해두는 것이 좋다고 했다.[7]

하지만 너무 많은 기업에 분산투자 하는 것은 피하라고도 했다. 그가 추천하는 포트폴리오 구성 종목 수는 25개 내외다. 라이트는 너무 많은 주식을 담는 것은 지수에 투자하는 인덱스펀드에 가입하는 것이나 다를 바 없다고 했다.[8]

한국 시장에서 배당에 대한 관심이 커지고 있는 지금이 배당주투자의 적기라는 조언도 나온다. 한국의 배당성향은 경제협력개발기

구(OECD) 평균인 30% 중반에 비해 낮지만 지속적으로 높아지는 추세이기 때문이다.

켈리 라이트의 배당주 전략, 왜 지금 주목받는가

켈리 라이트는 《절대로! 배당은 거짓말하지 않는다》를 통해 배당주투자 주식을 고르는 새로운 관점과 함께 네 가지 단계를 제시했다.

첫째는 좋은 기업을 선별하는 것이다. 배당금을 지급할 능력을 갖추고 있는지부터 살펴보라는 조언이다. 둘째 '좋은 기업' 중 배당금을 지급한 기업에 주목하라고 했다. 좋은 기업 중 배당금을 지급했던 회사를 찾아냈다면, 역대 배당수익률을 조사해 배당수익률의 저점과 고점을 찾아내는 게 세 번째다. 예를 들어 예전에 배당수익률이 2~5% 범위였다면, 이 기업의 주가가 배당수익률이 5~6% 수준이 될 만큼 하락했을 때 매입하는 식이다. 마지막 순서는 매도다. 역대 2~5% 배당수익률 범위에서 거래되던 회사의 배당수익률이 2% 또는 그 밑으로 떨어질 만큼 주가가 오르면 이 주식을 매도해야 한다.

꽤 흥미로운 전략이다. 하지만 한국에서 이 전략을 그대로 적용하기란 쉬운 일이 아니다. 한국 기업들의 역사적인 배당수익률 범위를 산정하기 힘들기 때문이다. 1997년과 2008년 같은 금융위기 때는 배당을 아예 지급하지 않은 기업이 너무 많았다. 처음부터 배당을 하지 않은 기업도 있다. 어쩌면 한국은 배당주투자자의 불모지였다고도 할 수 있다.

한 가지 희망적인 것은 한국 기업들의 실적이 개선되는 가운데 배당 지급 규모가 꾸준히 늘어나고 있다는 점이다.

한국거래소에 따르면 12월 결산 유가증권시장 상장사 753개 중 545개가 2018 사업연도 실적에 대해 21조 3,038억 원을 배당했다. 2017 사업연도 배당금(21조 8,085억 원)보다 2.3% 줄어든 액수다. 하지만 이 집계는 우선주를 포함한 결산배당 기준이며 중간·분기배당은 제외된 것으로, 배당 증가 추세는 2018년에도 지속된 것으로 볼 수 있다. 배당금 총액은 2014년 15조 1,000억 원, 2015년 19조 1,000억 원, 2016년 20조 9,000억 원 등 꾸준히 증가해왔다.

한국에서도 배당주투자의 성공 가능성이 어느 때보다 높아졌다는 진단이 나온다. 다만 배당주투자 전략을 한국에 적용해본 결과 연도별 수익률에 편차가 심한 것으로 나타났다. 과거 배당주투자 전략이 꾸준한 성과를 낸 것이 아니라 2014년 이후 2~3년 동안 성과가 집중됐다는 사실을 발견할 수 있다. 이런 현상이 나타난 이유는 2014년 도입된 배당소득증대세제의 영향이 컸기 때문인 것으로 보인다.

배당소득증대세제는 분리과세 대상은 9%의 원천징수세율을 적용하고, 종합과세 대상은 25%의 세율을 적용해 분리 과세함으로써 배당에 대한 세금 부담을 낮춰주고자 하는 취지에서 도입됐다. 다만, 배당 증가에 따른 혜택이 소수에게 집중된다는 문제가 있다. 일례로 2015년 주식 부자 상위 1%가 한 해에 벌어들인 배당소득이 10조 원을 넘어 이들에게 주어진 혜택이 크다는 비판이 끊이지 않았다.

그 결과 배당소득증대세제는 폐지됐다. 배당주투자 전략의 성과는 이때를 기점으로 다시 부진한 모습을 보이고 있다. 배당주투자 전략을 활용하고자 하는 투자자라면 제도 변화 등에 관심을 가져야 할 것이다.

7장

기금 운용의 일인자,
데이비드 스웬슨

Warren Buffett
Benjamin Graham
Peter Lynch
Joel Greenblatt
David Dreman
Kelley Wright
David Swensen
Gary Antonacci
Jesse Livermore
William J. O'Neil

장기간에 걸쳐 수수료와 세금을 제하고 난 결과를 봤을 때,
인덱스펀드를 꺾을 가능성은 거의 없다.

데이비드 스웬슨

📈 분산투자는 '공짜 점심'이다

'기금 운용계의 워런 버핏'으로 불리는 데이비드 스웬슨은 미국 예일대학교 최고투자책임자다. 1985년부터 맡았으니 벌써 34년째다. 그가 처음 운용을 맡을 당시 10억 달러(약 1조 1,356억 원) 수준이던 예일대학교의 기금 규모는 2019년 6월 말 기준 294억 달러(약 33조 3,690억 원)로 30배 가까이 불어났다. 뱅가드 그룹(Vanguard Group) 창립자 잭 보글(Jack Bogle)은 그를 '지구상에 몇 안 되는 투자 천재 중 하나'라고 평가하기도 했다.

스웬슨은 탄탄한 기금이 있어야 외부 자본에 흔들리지 않고 창립 목표에 따라 학생을 뽑고 대학을 운영할 수 있다고 강조한다. 그는 사실상 '영원히' 유지돼야 하는 기금을 운용하기 위해 '포트폴리오 전략'을 개발해 실행하고 있다. 그의 투자 기법은 수익은 얻되 손실을 최소화하기 위해 분산을 통한 안정성을 추구한 것이 특징이다.

스웬슨은 리먼 브러더스와 살로몬 브러더스 등에서 일하며 새로운 금융 기술을 개발한 투자 전문가다. 살로몬 브러더스에서 일할 당시 IBM, 세계은행과 함께 최초로 통화 거래 스와프 구조를 만들기도 했다. 1985년 모교인 예일대의 요청으로 기금 운용을 맡았다. 2019년 10월 발간된 예일대 기금 운용 연례보고서에 따르면 지난 20년간 연평균 11.8%의 수익률을 기록했다.

기금 운용의 바이블로 여겨지는 스웬슨의 전략을 간단히 요약하면 '주식에 집중하되 분산투자 하라'로 정리할 수 있다. 스웬슨은 주식에 집중하면 수익률을 높일 수 있을 뿐 아니라 분산투자를 통해 위험을 낮출 수 있다고 주장했다.[1] 채권 중심의 안전자산 투자 일변도이던 기금 운용 방식을 바꿔 주식 비중을 높이는 대신 자산배분을 통해 안정성을 높였다는 점에서 새로운 시도라는 평가를 받는다.

스웬슨은 주식투자의 중요성을 강조했다. 주식은 위험성은 크지만 장기적으로 압도적인 수익률을 낼 수 있는 투자 대상이라고 평가했다. 그는 자신의 투자 철학과 방법론을 설명한 책《포트폴리오 성공 운용》에서 1925년 12월 1달러를 장기국채에 투자했다면 2005년 12월 71달러를 벌 수 있었지만 미국 대형주에 투자했다면 2,658달러, 소형주는 1만 3,706달러로 불어났을 거라고 했다.[2]

하지만 50% 이상을 단일 자산에 투자하는 것은 '불필요한 위험에 노출되는 것'이라고 평가했다. '달걀을 한 바구니에 담지 말라'라는 말로 유명한 노벨경제학상 수상자 해리 마코위츠(Harry Markowitz)가 투자의 다각화 전략을 중요하게 여긴 것처럼, 스웬슨은 분산투자가 '공짜 점심'을 먹게 해주는 유일한 방법이라고 평가했다. 분산투자가 기대 수익률을 낮추지 않으면서 위험을 줄이는 방

법이라는 것이다.[3]

그는 분산투자를 '같은 상황에서 서로 다르게 반응하는 자산에 나눠 투자하는 것'이라고 설명했다. 예를 들어 주식과 상관관계가 낮은 고수익 자산군을 찾는다면 채권투자에 따른 기회비용 없이 분산투자를 할 수 있다는 설명이다.[4]

그러므로 분산투자 포트폴리오에 담을 자산군을 정하는 것부터가 투자의 성패를 좌우한다고도 했다. 그는 적절한 자산군을 찾기 위해 자산의 기능적인 특성에 초점을 맞춰야 한다고 조언했다. 즉 포트폴리오의 위험을 줄이면서도 수익을 올릴 수 있는지 평가해야 한다는 것이다. 또 시장의 움직임을 예측해 비중 조절을 하는 것은 효과적이지 않다고도 했다.[5]

📈 코스피에서도 입증된 분산투자 성과

그의 투자 전략은 한국 투자자에게도 유효한 것으로 나타났다. 스웬슨의 전략을 토대로 자산 포트폴리오를 구성해 모의투자를 한 결과, 2002년(블룸버그 데이터 확보가 가능한 시점)부터 2020년 3월 말까지 286.12%에 달하는 수익률을 올렸다. 같은 기간 코스피200지수는 201.44% 상승했다.(〈도표 7-1〉)

포트폴리오는 코스피200지수 30%, MSCI 선진시장지수 15%, MSCI 신흥시장지수 5%, 미국 장기국채 15%, 미국 물가연동채

(TIPS) 15%, 미국 리츠(REITs, 부동산투자회사) 20%로 구성했다. 스웬슨이 저서《비관습적 성공(Unconventional Success)》에서 개인 투자자에게 제시한 구성 내용을 따라 한국 시장에 적용했다. 다만 장기국채, 물가연동채, 리츠는 국내 시장에서 분석 대상 기간(2002년 3월 이후)을 만족시키는 자산이 없어 미국 증시에 상장된 펀드를 이용했다.

스웬슨 전략의 18년 누적 수익률은 코스피200과 비슷했지만 변동성은 낮았다. 18년간 스웬슨 전략의 샤프지수는 0.77로 코스피200(0.40)보다 높았다. 샤프지수는 위험 대비 성과를 나타내는 것

〈도표 7-1〉 데이비드 스웬슨 vs 코스피200: 세부 지표

(기준 시점: 2020.3.31.)

지표	데이비드 스웬슨	코스피200
수익률		
총수익률	286.12%	201.44%
연평균 복리 수익률(CAGR)	7.79%	6.32%
최대 수익률	5.04%	12.23%
최소 수익률	−5.45%	−10.33%
최대 손실폭	−20.35%	−52.41%
최대 손실폭 기간	18일	271일
최대 증가	448.46%	568.79%
위험		
표준편차(연간화)	10.69%	21.57%
추적오차(연간화)	19.12%	−
위험/수익률		
샤프비율	0.77	0.40

으로 숫자가 높다는 것은 위험 대비 높은 성과를 낸다는 뜻이다.
즉 동일한 위험을 가정했을 때 높은 수익률을 얻을 수 있음을 의
미한다.

〈표 7-2〉 데이비드 스웬슨 vs 코스피200: 누적 성과

(2002.4.=100)

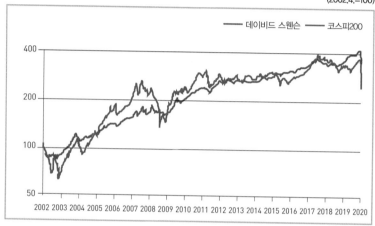

※ 누적 성과는 로그 변환을 통해 조정된 수치

〈표 7-3〉 데이비드 스웬슨 vs 코스피200: 연도별 수익률

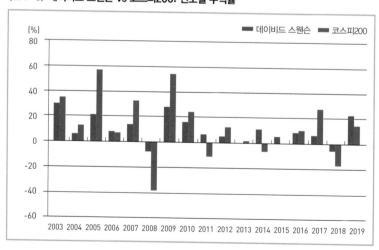

2020년 들어 하락장에서도 스웬슨 포트폴리오는 8.09% 손해를 보는 데 그쳤다. 안전자산을 절반 정도 포함했음에도 주식시장 평균과 비슷한 성과를 낸 것은 변동성이 낮고 안정적인 수익률을 내는 전략이라는 점을 보여준다.

📈 미국 시장에 적용한 스웬슨의 전략

그의 투자 전략을 미국에 적용했을 때도 비슷한 성과가 나타났다. 포트폴리오는 S&P500지수 30%, MSCI 선진시장지수 15%, MSCI 신흥시장지수 5%, 미국 장기국채 15%, 미국 물가연동채 15%, 미국 리츠 20%로 구성했다.

스웬슨의 전략을 토대로 자산 포트폴리오를 구성해 모의투자를 한 결과 2002년부터 2020년 3월 말까지 294.92%에 달하는 수익률을 올렸다. 같은 기간 S&P500지수는 223.69% 올랐다.

변동성이 낮다는 특성은 미국 시장에서도 유지됐다. 최대 수익률은 6.36%로 높지 않았지만 최대 손실폭도 -41.58%로 S&P500지수(-55.26%)보다 낮았다. 18년간 스웬슨 전략의 샤프지수 역시 0.61로 S&P500지수(0.38)보다 높았다.

〈도표 7-4〉 데이비드 스웬슨 vs S&P500지수: 세부 지표

(기준 시점: 2020.3.31.)

지표	데이비드 스웬슨	S&P500지수
수익률		
총수익률	294.92%	223.69%
연평균 복리 수익률(CAGR)	7.92%	6.74%
최대 수익률	6.36%	11.58%
최소 수익률	−7.45%	−11.98%
최대 손실폭	−41.58%	−55.26%
최대 손실폭 기간	368일	369일
최대 증가	440.69%	528.72%
위험		
표준편차(연간화)	12.19%	19.56%
추적오차(연간화)	9.88%	−
위험/수익률		
샤프비율	0.61	0.38

〈도표 7-5〉 데이비드 스웬슨 vs S&P500지수: 누적 성과

(2002.4.=100)

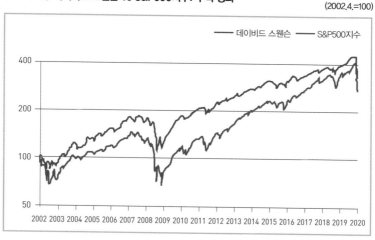

※ 누적 성과는 로그 변환을 통해 조정된 수치

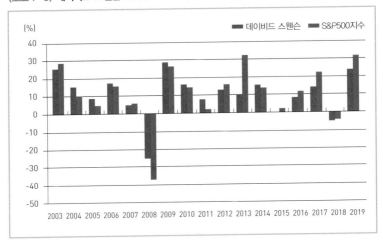

〈도표 7-6〉 데이비드 스웬슨 vs S&P500지수: 연도별 수익률

📈 전통적 자산배분 vs 스웬슨의 자산배분 vs 달리오의 자산배분

코로나19로 시장이 급격한 조정을 겪으면서 투자자들 사이에서 자산배분에 대한 관심이 다시금 높아졌다. 특히 지난 2008년 금융위기 당시 리스크를 예측하여 큰 주목을 받은 세계 최대 헤지펀드인 브리지워터 어소시에이츠(Bridgewater Associates)의 레이 달리오(Ray Dalio)의 전략에 대한 이야기가 자주 회자됐다. 많은 투자자가 쉽게 접근할 수 있고, 어떤 시장 환경에서도 안정적인 수익을 낼 수 있는 레이 달리오의 '올웨더 포트폴리오(all-weather portfolio)'가 그것이다.

자산배분 전략을 보다 자세하게 살펴보기 위해 가장 전통적인 자산배분 형태인 '주식(60%):채권(40%)' 방식과 데이비드 스웬슨, 레이 달리오(올웨더)의 자산배분 전략을 비교해봤다. 레이 달리오의 전략에 쓰인 ETF 중 원자재 부분을 담당하는 ETF의 설정일이 2006년 2월 3일부터 시작되었기 때문에 분석 기간을 2006년 3월 말 이후로 설정했다.

먼저 전통적인 포트폴리오인 '주식(60%):채권(40%)'과 스웬슨의 전략 간에 큰 차이는 보이지 않았다. 일단 포트폴리오의 큰 자산군으로 살펴볼 때 '주식(60%):채권(40%)' 포트폴리오와 스웬슨의 포트폴리오, 즉 '위험자산(주식 50%):안전자산(채권 30%+부동산 20%)' 측면에서 큰 차이를 보이지 않았기 때문이다. 또한, 스웬슨의 포트폴리오에는 물가 상승으로 인한 수익성 악화를 고려한 물가연동채 자산이 포함돼 있지만, 분석 기간이 2006년 3월 이후로 상대적으로 짧게 설정됨에 따라 물가상승률로 인한 영향이 크지 않았다는 점 또한 차이가 제한된 요인이다.

반면 레이 달리오 포트폴리오는 S&P500지수에 투자하는 ETF 30%, 20년 이상의 만기를 가진 미국 국채로 구성된 지수에 투자하는 iShares 20+Year Treasury ETF 40%, 7~10년 만기 미국 국채로 구성된 지수에 투자하는 iShares 7-10 Year Treasury ETF 15%를 담았다. 그리고 금 관련 ETF인 SPDR Gold Shares ETF 7.5%, 14개의 상품 선물 등을 담고 있는 PowerShares DB Commodity Index Tracking Fund 7.5% 등에 투자했다.

〈도표 7-7〉 **전통적 자산배분 vs S&P500지수: 세부 지표**

(기준 시점: 2020.3.31.)

지표	전통적 자산배분(주식 60:채권 40)	S&P500지수
수익률		
총수익률	144.93%	167.81%
연평균 복리 수익률(CAGR)	6.60%	7.28%
최대 수익률	8.02%	11.58%
최소 수익률	−7.15%	−11.98%
최대 손실폭	−32.83%	−55.26%
최대 손실폭 기간	369일	369일
최대 증가	261.06%	528.72%
위험		
표준편차(연간화)	11.57%	20.24%
추적오차(연간화)	9.23%	−
위험/수익률		
샤프비율	0.54	0.42

〈도표 7-8〉 **전통적 자산배분 vs S&P500지수: 누적 성과**

(2006.4.=100)

※ 누적 성과는 로그 변환을 통해 조정된 수치

〈도표 7-9〉 전통적 자산배분 vs S&P500지수: 연도별 수익률

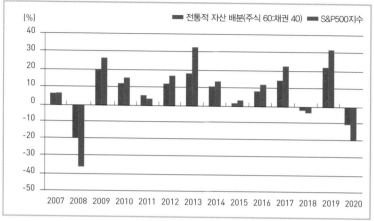

달리오의 포트폴리오는 위험자산(주식 30%+원자재 7.5%):안전자산(채권 55%+금 7.5%)으로, 다른 자산배분 전략과 비교했을 때 안전자산의 비중이 상대적으로 높고 더 다양한 형태의 자산군을 보유한다는 특징이 있다. 따라서 위험의 분산 효과를 더 높일 수 있었다.

이는 변동성이 큰 장에서 더 큰 효과를 보이는 것으로 나타났다. 시장이 큰 폭으로 조정받을 때 레이 달리오의 포트폴리오는 상당히 안정적인 모습을 보였고, 결과적으로 증시에 근접한 수익률을 달성하는 것으로 나타났다.

이는 동일한 위험 대비 초과 수익률을 의미하는 샤프비율에서도 확인할 수 있었다. S&P500지수의 샤프비율이 0.42이고(〈도표 7-7〉) 스웬슨 전략의 샤프비율이 0.50인 데 비해(〈도표 7-13〉), 달리오 전략의 샤프비율은 무려 0.89를 기록했다(〈도표 7-10〉).

각 전략의 연도별 연간 수익률을 살펴보면, 달리오의 전략은 시

장이 큰 폭으로 조정받은 2008년은 물론 코로나19 여파로 증시가 저점을 기록한 2020년 3월 이후에도 수익률이 플러스를 기록하는 안정적인 모습을 보인다.

다만 증시의 반등이 시작될 때는 위험자산의 비중이 적은 만큼 시장의 상승을 다 따라가지 못하는 모습을 보였다. 반등장에서는 스웬슨의 전략이 더 효과적이었다. 스웬슨 전략에 따른 포트폴리오가 선진시장과 신흥시장을 모두 포함하며 주식의 비중이 상대적으로 높은 만큼 반등 탄력이 강하게 나타났다.

결론적으로 모든 구간에서 우수한 최고의 전략은 존재하지 않았

〈도표 7-10〉 레이 달리오 vs S&P500지수: 세부 지표

(기준 시점: 2020.3.31.)

지표	레이 달리오	S&P500지수
수익률		
총수익률	173.84%	167.81%
연평균 복리 수익률(CAGR)	7.45%	7.28%
최대 수익률	3.25%	11.58%
최소 수익률	−4.45%	−11.98%
최대 손실폭	−15.08%	−55.26%
최대 손실폭 기간	126일	369일
최대 증가	195.23%	528.72%
위험		
표준편차(연간화)	7.46%	20.24%
추적오차(연간화)	18.77%	−
위험/수익률		
샤프비율	0.89	0.42

다. 다만 시장의 국면과 투자자의 위험 선호도에 적합한 자산배분 전략을 활용한다면, 보다 안정적인 성과를 달성할 수 있을 것으로 분석된다.

〈도표 7-11〉 레이 달리오 vs S&P500지수: 누적 성과 (2006.4.=100)

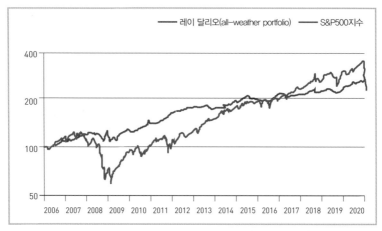

※ 누적 성과는 로그 변환을 통해 조정된 수치

〈도표 7-12〉 레이 달리오 vs S&P500지수: 연도별 수익률

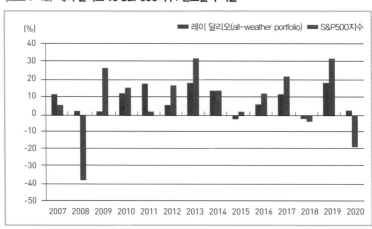

〈도표 7-13〉 데이비드 스웬슨 vs S&P500지수: 세부 지표

(기준 시점: 2020.3.31.)

지표	데이비드 스웬슨	S&P500지수
수익률		
총 수익률	151.59%	167.81%
연평균누적수익률(CAGR)	6.81%	7.28%
최대 수익률	6.45%	11.58%
최소 수익률	−7.45%	−11.98%
최대 손실폭	−41.98%	−55.26%
최대 손실폭 기간	368일	369일
최대 증가	324.16%	528.72%
위험		
표준편차(연간화)	13.16%	20.24%
추적오차(연간화)	9.64%	−
위험/수익률		
샤프비율	0.50	0.42

〈표 7-14〉 전통적 자산 배분 vs 데이비드 스웬슨 vs 레이 달리오 vs S&P500지수

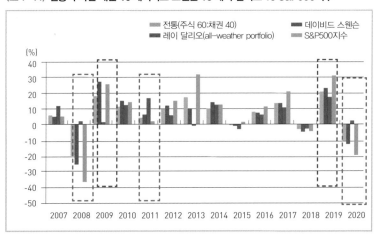

레이 달리오는 누구?

브리지워터 어소시에이츠를 설립해 세계 최대 규모의 헤지펀드로 성장시킨 투자자다. 2007년 미국의 금융위기를 예측한 것으로 유명세를 얻었다. 한국에서는 자신의 삶과 투자에 대한 원칙을 담은 《원칙》과 역사적으로 부채 위기가 어떻게 작용하고 이에 어떻게 대처해야 하는지를 다룬 《금융 위기 템플릿》의 저자로도 잘 알려져 있다.

그는 인생에서 원하는 것을 얻게 해주는 행동의 기초가 되는 근본적인 진리가 '원칙'이라고 생각했다.[6] 그는 원칙을 정하고, 의사결정을 체계화해서 인생과 투자에 모두 적용해야 한다고 강조했다. 그리고 데이터와 원칙을 바탕으로 시스템을 만들고, 그 분석을 바탕으로 투자 포트폴리오를 짜서 최적의 수익을 올릴 수 있다고 했다. 또한 역사적 경험과 반복되는 지표 등을 활용해 금융위기에 대비하고 대응해나갈 수 있다고 했다.

그는 시장을 예측하는 것은 의미가 없다고 생각했다. 예측은 큰 가치가 없고 예측하는 사람들 대부분이 시장에서 돈을 벌지 못한다는 것이다. 확실한 것은 아무것도 없기 때문이다. 그는 경제 환경이 어떻게 변화할지를 미리 전망하고 투자 전략을 바꾸는 대신, 이미 발생한 변화를 찾아내고 그 상황에서 가장 좋은 성과를 내고 있는 시장에 투자해야 한다고 강조했다.[7]

📈 포트폴리오를 꾸준히 리밸런싱하라

스웬슨의 전략은 특히 장기투자에 적합하다. 그의 전략이 기금 운용에 뿌리를 두고 있어 특히 직장인들이 확정기여(DC)형 퇴직연금을 운용할 때 참고할 만하다. 스웬슨도 최소 3~5년 정도의 투자 기간이 필요하다고 인정했다. 장기적으로 올바른 결정이라고 해도 단기적으로 손해를 보거나 잘못 선택한 것으로 보일 수 있기 때문이다.

꾸준히 리밸런싱하는 것도 잊지 말아야 한다. 예를 들어 주식 가격이 내려가고 채권 가격이 올라가면 포트폴리오 내에서 주식 비중이 작아지고 채권 비중이 커지는데, 그러면 본래 목표보다 기대 위험과 수익이 낮아진다. 따라서 채권을 팔고 주식을 사서 비중을 다시 맞춰야 한다. 하지만 보통 이런 경우는 주식시장 전망이 악화되는 상황이 많아 투자자들의 의지가 필요하다고 스웬슨은 강조했다. 그는 지금 가격이 내려가고, 인기가 없어진 자산을 사는 것이 인기가 높아 가격이 올라긴 자산을 사는 것보다 높은 수익을 낼 수 있다고 조언했다. 비중 변화에 따라 리밸런싱을 하는 것은 투자자가 투자 초기에 예상하고 계획한 위험과 수익을 유지하는 데 꼭 필요하다는 것이다.[8]

그는 빚을 내 투자하는 것은 매우 위험하다고 지적했다. 레버리지를 일으켜 투자하는 것은 높은 수익을 낼 수 있는 동시에 회복할 수 없는 피해를 가져올 수 있기 때문이다.[9] 특히 장기투자자로서 복리효과까지 고려하면 빚을 내서 투자하는 것은 더욱 위험한 선택이다.

데이비드 스웬슨,
자산배분 전략의 새로운 지평을 열다

데이비드 스웬슨이 운용하는 미국 예일대학교 기금이 지난 34년간 30배 수준으로 불어난 이유는 재단 전입금 증가뿐만 아니라 기금 운용의 수익률이 높았기 때문이다. 2000년부터 2018년까지 거둔 연평균 수익률(12.6%)은 같은 기간 미국 주식시장의 성과(3.9%)를 크게 뛰어넘었다.

예일대 기금은 어떻게 이처럼 놀라운 성과를 기록할 수 있었을까? 가장 큰 비결은 채권이나 대형주 위주의 운용 방식을 접고 부동산, 원자재, 이머징마켓, 사모펀드(PEF) 등 당시 대부분의 연기금이 외면하던 시장에 파격적이고 공격적인 투자를 단행한 데 있다. 예를 들어 2002년 예일대 기금은 사모펀드에 운용자금의 14.4%를 투자했지만, 2018년에는 33.3%까지 비중을 확대했다. 사모펀드는 수익성이 높은 대신 투자 위험도 높은 편이다. 따라서 대부분의 연기금은 사모펀드에 대한 투자 비중을 낮게 설정했지만 스웬슨은 사모펀드 투자가 오히려 연기금에 더욱 적합하다고 봤다. 기본적으로 연기금은 먼 미래의 지출을 위해 자금을 운용하기 때문에 즉각 환매해 고객에게 자금을 지급할 일이 드물다.

예일대 기금이 놀라운 성과를 기록한 두 번째 비결은 여러 자산에 고루 투자하는 '분산투자 전략'을 꾸준히 밀고 나간 것이다. 대표적인 예로 2018년의 일을 들 수 있다. 당시 미국 주식시장은 6.2% 떨어졌고, 신흥시장은 하락폭이 16.6%로 더 컸다. 하지만 그해 미국 국채와 한국 국채의 성과는 각각 0.9%와 5.8%를 기록할 정도로 호황이었다.

이처럼 주식과 채권은 변화의 방향이 반대이므로 주식과 채권에 분산투자 하면 주식시장이 침체됐을 때도 수익률이 급락하는 위험을 회피할 수 있다. 물론 예일대 기금은 주식과 사모펀드 등 이른바 위험자산에 대한 투자 비중이 높은 반면 채권 투자 비중은 4.2%에 불과해 2008년 같은 금융위기가 발생할 때는 큰 충격을 받을 수밖에 없다. 그러나 이들에게는 세 번째 무기, 바로 '리밸런싱'이 있었다.

리밸런싱이란 장기적으로 설정한 목표 비중에 맞춰 자금을 재배분하는 일을 말한다. 주식과 채권에 각각 50%를 배분하는 연기금이 있다고 할 때, 주식 가격이 50% 하락한 반면 채권 가격이 10% 상승한 해에 어떤 투자 성과를 기록했을지 생각해보자. 이 연기금의 자산은 20% 줄어들었을 것이며 주식 비중은 31%, 채권 비중은 69%로 변했을 것이다. 이런 상황이 벌어지면 투자자 대부분은 주식 비중을 더 줄이기 위해 행동하겠지만, 예일대 기금은 정반대의 행동을 취한다. 원래 계획했던 대로 주식과 채권의 비중을 50:50으로 유지하기 위해 채권을 매도하고 주식을 매입하는 리밸런싱을 단행하는 것이다. 실제로 2009년 예일대 기금은 −24.6%라는 부진한 성과를 기록했지만, 주식과 사모펀드 등 당시 수익률이 부진했던 부문에 더욱 적극적으로 자금을 배정함으로써 2010년과 2011년에는 각각 8.9%와 22.9%라는 놀라운 성과를 기록했다.

자산을 장기간 운용하려는 투자자라면 스웬슨 전략에 관심을 둘 필요가 있다. 스웬슨의 놀라운 운용 성과가 한국의 투자자 사이에서 재현되기를 기대한다.

8장

듀얼 모멘텀 전략을 개발한
게리 안토나치

Warren Buffett
Benjamin Graham
Peter Lynch
Joel Greenblatt
David Dreman
Kelley Wright
David Swensen
Gary Antonacci
Jesse Livermore
William J. O'Neil

행동금융학의 교리처럼 시장이 항상 효율적인 것은 아니다.
시장을 움직이는 것은 참여자들이 공유하는
보편적인 정보가 아니라 인간의 행동이다.

게리 안토나치

📈 아웃사이더였던 투자 전문가

게리 안토나치는 상대 모멘텀과 절대 모멘텀을 결합한 듀얼 모멘텀 전략으로 월스트리트에서 이름을 날린 투자 전략 전문가다. 그의 전략을 이용한 투자법은 1974년부터 40년간 시장 평균 수익률을 웃도는 성과를 냈다. 전설적 펀드매니저로 꼽히는 피터 린치나 버크셔 해서웨이 회장 워런 버핏처럼 직접 투자금을 운용한 적은 없지만 대가로 인정받는 것도 그 때문이다.

듀얼 모멘텀 전략을 한마디로 정리하면 '달리는 말에 올라타는 것'이다. 안토나치는 시장의 추세에 주목했다. "손실은 자르고 이익은 달리게 놔둬라"라는 데이비드 리카도(David Ricardo)의 말처럼 오르는 자산에 더 투자해야 한다고 주장했다.

안토나치의 이력은 여타 투자 대가들과 다르다. 베트남전에 위생병으로 참전했고, 코미디 마술사로 활약하기도 했다. 1978년 하버드 경영대학원에서 경영학 석사 학위를 받았고, 이후에는 투자 전략을 연구 · 개발하며 실제 투자에 적용했다. 유기견을 돌보고 입양시키는 일도 하고 있다.

제대로 된 직업을 가져본 적은 없었다. 투자 전략을 연구하고 싶은 마음에 시카고대학교 금융전공 박사 과정에 지원해 입학 허가를 받았지만 가지 않았다. 효율적 시장 가설을 바탕으로 시장을 이길 수 없다고 하는 교수들의 의견에 동의할 수 없어서였다. 그는 대신 투자 전략을 마련하는 데 집중했다. 그 공로를 인정받아 미국액티브 투자매니저협회(NAAIM)가 매년 수여하는 바그너 상(Wagner awards)을 두 차례 받았다.

📈 주식시장도 물리학의 법칙을 따른다

물리학에서 모멘텀은 물체를 움직이는 힘을 뜻한다. 안토나치는 물리학의 법칙이 주식시장에도 적용된다고 생각했다. 물체가 한번 움직이면 그 방향을 유지하려는 것처럼, 상승 기운이 넘치는 주식이 비록 비싸 보일 순 있지만 더 오를 가능성이 크다고 믿었다. 사람들은 오르는 주식을 보면 늘 몰려가는 군집행동을 보이기 때문이다.

듀얼 모멘텀은 투자자산 가운데 상대적으로 강세를 보이는 곳에 투자하는 상대 모멘텀에다 투자자산의 절대적 상승세를 평가한 절대 모멘텀을 결합해 위험을 추가로 관리하는 투자 전략이다.

안토나치는 개인적으로 옵션 등에 투자해 큰돈을 벌었다고 하는데, 구체적인 성과는 알려지지 않았다. 대신 그는 《듀얼 모멘텀 투자 전략》이란 책에서 과거 데이터를 이용한 듀얼 모멘텀 전략의 테스트 결과를 제시했다.

이 책에 따르면 그가 듀얼 모멘텀 전략을 바탕으로 만든 글로벌 주식모멘텀(GEM: Global Equities Momentum) 투자법은 1974년부터 2013년까지 미국에서 연간 17.43%의 수익을 낼 수 있었다. 이 기간에 GEM은 S&P500지수를 스물두 번 이겼다. S&P500지수에 미치지 못한 해도 있지만, 평균적으론 오를 땐 더 오르고 내릴 땐 덜 내린 것으로 나타났다.

S&P500지수가 상승한 해에는 시장 평균 수익률(18.5%)을 웃도는 21.9%의 수익률을 냈고, 급격히 하락한 해(시장 평균 수익률이 -15.2%를 기록)에도 2.2%로 선방한 것으로 나타났다.

📈 코스피200 적용 시 18년간 637% 수익률

그의 투자 전략은 한국 주식시장에서도 유효한 것으로 나타났다. 안토나치의 전략을 토대로 종목을 선정해 모의투자를 한 결과, 2002년(블룸버그 데이터 확보가 가능한 시점)부터 2020년 3월 말까지 누적 수익률 기준으로 코스피200지수 상승률을 3배 넘게 앞선 것으로 나타났다(〈도표 8-1〉).

듀얼 모멘텀 종목은 우량주 위주의 코스피200지수에 편입된 종목 중 12개월 수익률 상위 20개 종목(상대 모멘텀)을 뽑고 이 중 12개월 수익률이 플러스(절대 모멘텀)인 종목을 추렸다. 모멘텀 전략은 추세에 민감하기 때문에 매 분기 말 리밸런싱하는 것으로 가정했다.

그 결과 안토나치 전략의 18년간 누적 수익률은 637.29%였다. 연평균 11.73%의 수익률이다. 같은 기간 코스피200지수는 201.44% 올랐다. 다만 변동성은 더 큰 것으로 나타났다. 듀얼 모멘텀 전략의 최대 손실폭은 -63.48%로 코스피200지수 하락폭(-52.41%)보다 컸다. 최대 손실에서 원금으로 돌아오기까지는 1,214일이 걸려 코스피200지수(271일)보다 회복이 더뎠다.

2006년, 2008~2009년, 2016~2017년, 2019년 등에는 코스피

〈도표 8-1〉 듀얼 모멘텀 vs 코스피200: 세부 지표

(기준 시점: 2020.3.31.)

지표	듀얼 모멘텀	코스피200
수익률		
총수익률	637.29%	201.44%
연평균 복리 수익률(CAGR)	11.73%	6.32%
최대 수익률	10.21%	12.23%
최소 수익률	−10.55%	−10.33%
최대 손실폭	−63.48%	−52.41%
최대 손실폭 기간	1,214일	271일
최대 증가	2,688.21%	568.79%
위험		
표준편차(연간화)	26.39%	21.57%
추적오차(연간화)	17.10%	−
위험/수익률		
샤프비율	0.59	0.40

200지수의 상승률을 밑돌았다. 일시적인 금융위기, 단기간 급등하는 장세 등에서는 추세를 좇는 듀얼 모멘텀 전략이 효과적이지 않을 수 있기 때문이다.

〈도표 8-2〉 **듀얼 모멘텀 vs 코스피200: 누적 성과**

(2002.4.=100)

※ 누적 성과는 로그 변환을 통해 조정된 수치

〈도표 8-3〉 **듀얼 모멘텀 vs 코스피200: 연도별 수익률**

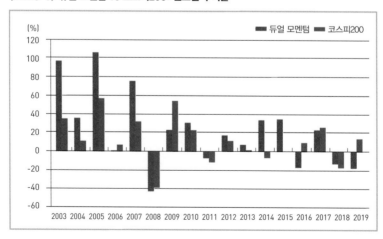

특히 2019년과 2020년 1분기 성과는 더욱 나빴다. 2019년 내내 계속된 미·중 무역분쟁에 이어 2020년 초 코로나19로 인한 충격까지 더해지면서 플러스 수익률을 기록한 종목의 수가 많지 않았기 때문이다. 한국 시장에서는 코스피200지수에 포함된 종목 중 20개에 투자하는 방식인데, 종목의 숫자가 많지 않아 수익을 낸 종목을 찾기가 어려웠다.

그런 가운데 반도체 업종과 코로나19 치료제와 관련한 기대 등으로 제약·바이오 업종이 강세를 이어간 것으로 나타났다. 또 플랫폼 및 콘텐츠 수입을 기반으로 하는 커뮤니케이션 서비스 업종의 상승세도 이어졌다.

📈 2020년 안토나치 종목: 반도체·내수·바이오

듀얼 모멘텀 전략에 따르면 2020년 한국 시장에서 담아야 할 종목으로는 삼성전자·SK하이닉스 등 반도체주, 하이트진로·오리온 등 내수주, 셀트리온·삼성바이오로직스 등 바이오주가 꼽혔다.

종목	최근 12개월 수익률(%)	시가총액 (원)	가격 (원)	PER (배)	2020년 수익률 (%)
DB하이텍	62.77	9,000억	2만 900	8.67	-24.28
하이트진로	50.44	1조 8,000억	2만 6,950	-	-7.07
카카오	46.24	13조	15만 500	-	-1.95
삼성바이오로직스	38.17	29조	45만 2,500	147.54	4.50
부광약품	32.94	1조 5,000억	2만 3,550	-	64.11
네이버	31.72	26조	16만 3,000	40.45	-12.60
엔씨소프트	27.21	13조	61만 8,000	35.54	14.23
일양약품	20.65	6,000억	3만 4,500	63.07	52.99
SK케미칼	16.59	9,000억	8만 1,500	101.62	27.34
셀트리온	14.23	26조	19만 8,000	88.25	9.39
오리온	10.07	4조	11만	20.17	4.27
삼성SDI	7.16	15조	23만 1,000	43.33	-2.12
SKC	4.77	1조 4,000억	3만 7,600	22.30	-26.27
삼성전자	3.83	273조	4만 5,800	14.46	-17.92
SK하이닉스	3.42	57조	7만 8,400	26.63	-16.68

※ 2020년 수익률은 연초부터 3월 말까지의 수익률

📈 미국 시장에선 부진한 듀얼 모멘텀 전략

글로벌 주식 모멘텀(GEM) 투자법 대신 그의 전략을 한국 시장에 적용한 방법으로 미국 시장에 적용해봤다. 전략은 그다지 효과적이지 않은 것으로 나타났다. 안토나치의 전략을 토대로 종목을 선정해 모의투자를 한 결과, 2002년부터 2020년 3월 말까지 누적 수익률 기준으로 S&P500지수 상승률의 절반에도 미치지 못하는 것으로 나타났다.

듀얼 모멘텀 종목은 미국 S&P500과 나스닥에 상장된 기업 중 시가총액 상위 50% 종목을 추리고, 12개월 수익률 상위 20개 종목(상대 모멘텀)을 뽑은 다음, 이 중 12개월 수익률이 플러스(절대 모멘텀)인 종목을 선정했다. 모멘텀 전략은 추세에 민감하기 때문에 매 분기 말 리밸런싱하는 것으로 가정했다.

그 결과 안토니치 전략의 18년간 누적 수익률은 106.27%였다. 연평균 4.10%의 수익률이다. 같은 기간 S&P500지수는 223.69% 올랐다. 연평균 6.74%의 수익률이지만 장기간 복리효과가 더해져 누적 수익률에선 큰 차이가 났다.

안토니치의 전략은 변동성이 크고, 한 번 손해를 보면 회복하기까지 시간도 오래 걸리는 것으로 나타났다. 최대 손실폭은 71.79%로 최대 손실에서 원금으로 돌아오기까지는 753일이 걸려, S&P500지수(369일)의 2배가 넘었다.

듀얼 모멘텀 전략은 상승하는 종목의 추세는 지속성을 가진다는 특성을 바탕으로 리밸런싱 시점마다 지난 12개월 동안의 수익률이 가장 높은 종목을 선정한다. 다만 미국 시장에서 적용했을 때의 성과는 같은 기간 S&P500 수익률을 밑도는 것으로 나타났다.

그 주된 이유는 S&P500과 나스닥 전체 종목을 대상으로 함으로써 (시가총액 상위 50% 종목으로 간소화했음에도) 분석의 대상이 되는 종목이 많은 데 따른 영향을 받은 것으로 판단된다. 대형주가 아닌

〈도표 8-5〉 **듀얼 모멘텀 vs S&P500지수: 세부 지표**

(기준 시점: 2020.3.31.)

지표	듀얼 모멘텀	S&P500지수
수익률		
총수익률	106.27%	223.69%
연평균 복리 수익률(CAGR)	4.10%	6.74%
최대 수익률	14.21%	11.58%
최소 수익률	−14.85%	−11.98%
최대 손실폭	−71.79%	−55.26%
최대 손실폭 기간	753일	369일
최대 증가	407.29%	528.72%
위험		
표준편차(연간화)	30.29%	19.56%
추적오차(연간화)	19.47%	−
위험/수익률		
샤프비율	0.26	0.38

〈도표 8-6〉 **듀얼 모멘텀 vs S&P500지수: 누적 성과**

(2002.4.=100)

※ 누적 성과는 로그 변환을 통해 조정된 수치

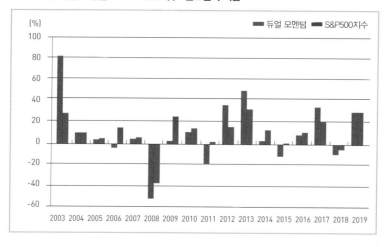

〈도표 8-7〉 듀얼 모멘텀 vs S&P500지수: 연도별 수익률

중·소형주는 변동성이 상대적으로 높을 수 있기 때문에, 이것이 포트폴리오 전반의 성과가 떨어지는 형태로 나타날 수 있다. 이 책에서 제시하는 분석 결과 역시 모두 종목의 '균등 비중' 방식으로 포트폴리오를 구성했기 때문에 상대적으로 규모가 작은 종목도 포트폴리오 수익률에 큰 영향을 미칠 수 있다.

미국 시장에선 테슬라, 덱스콤 등 선정

듀얼 모멘텀 전략은 증시의 상승·하락에 따른 변동성이 크게 나타난다. 따라서 개별 종목보다는 섹터, 스타일 또는 다른 시장(지수) 등 분산이 잘 되어 있는 자산을 이용할 때 더 안정적인 수익을 창출할 수 있을 것이다. 예를 들어 ETF를 활용하는 것이 방법이 될 수 있다. 12개월 수익률 상위 20개 업종(상대 모멘텀)을 뽑고 이 중 12개월 수익률이 플러스(절대 모멘텀)인 업종을 선택하는 식이다.

〈도표 8-8〉 듀얼 모멘텀 전략에 따른 미국 증시 편입 종목

종목	최근 12개월 수익률(%)	시가총액(달러)
코디액 사이언스 (Kodiak Sciences)	572.69	20억
렐마다 테러퓨틱스 (Relmada Therapeutics)	491.72	5억
액섬 세러퓨틱스 (Axsome Therapeutics)	299.18	21억
아퀴녹스 파마슈티컬스 (Aquinox Pharmaceuticals)	292.22	4억
에버쿼트 (EverQuote)	275.86	8억
인페이즈 에너지 (Enphase Energy)	270.41	46억
카료팜 세러퓨틱스 (Karyopharm Therapeutics)	253.76	13억
프로벤션 바이오 (Provention Bio)	253.06	4억
앱토즈 바이오사이언스 (Aptose Biosciences)	221.13	4억
케모센트릭스 (ChemoCentryx)	204.08	26억
카드리틱스 (Cardlytics)	163.45	11억
이오밴스 바이오세러퓨틱스 (Iovance Biotherapeutics)	160.59	39억
발라드 파워 시스템스 (Ballard Power Systems)	160.11	21억

지넥스 (Zynex)	153.12	4억
콘스텔레이션 파마슈티컬스 (Constellation Pharmaceuticals)	149.23	13억
아비나스 (Arvinas)	138.00	16억
벨루스 헬스 (BELLUS Health)	131.86	6억
오리니아 파마슈티컬스 (Aurinia Pharmaceuticals)	129.01	16억
솔라엣지 테크놀로지스 (SolarEdge Technologies)	124.59	46억
덱스콤 (DexCom)	124.45	236억
ACM 리서치 (ACM Research)	124.45	6억
컴퓨젠 (Compugen)	119.80	6억
몰레큘러 템플리츠 (Molecular Templates)	117.91	6억
이노비오 파마슈티컬스 (Inovio Pharmaceuticals)	106.45	12억
바이옥셀 세러퓨틱스 (Bioxcel Therapeutics)	103.92	4억
테슬라 (Tesla) .	100.89	1,000억
애서시스 (Athersys)	99.33	4억
에이도스 세러퓨틱스 (Eidos Therapeutics)	97.43	18억
머사나 세러퓨틱스 (Mersana Therapeutics)	96.45	4억
프린시피아 바이오파마 (Principia Biopharma)	96.23	20억
애드베럼 바이오테크놀로지스 (Adverum Biotechnologies)	95.45	8억
모멘타 파마슈티컬스 (Momenta Pharmaceuticals)	93.28	33억

디사이페라 파마슈티컬 (Deciphera Pharmaceuticals Inc)	88.73	24억
액셀러론 파마 (Acceleron Pharma)	88.33	45억
프리덤 홀딩 (Freedom Holding Corp/NV)	86.67	8억
인슐렛 (Insulet)	85.87	110억
인시고 (Inseego)	81.89	8억
어댑트헬스 (AdaptHealth)	77.02	12억
라임라이트 네트웍스 (Limelight Networks)	76.36	6억
오디오코즈 (AudioCodes)	76.04	8억
스탬프닷 컴(Stamps.com)	74.85	23억
큐 바이오파마 (Cue Biopharma)	72.02	4억
레플리젠 (Repligen)	71.80	50억
시뮬레이션스 플러스 (Simulations Plus)	71.15	6억
어드밴스드 마이크로 디바이시스 (Advanced Micro Devices)	71.01	571억
프레시펫 (Freshpet)	66.65	27억
도큐사인 (Docusign)	64.23	160억
파이브나인 (Five9)	63.52	49억
시냅틱스 (Synaptics)	62.37	20억
아델릭스 (Ardelyx)	61.30	5억

※ 수익률에는 배당수익률 포함

📈 미국 시장의 대표적인 안토나치 종목

테슬라

2003년에 설립되어 전기 자동차, 자동차 소프트웨어, 에너지 생성 및 저장 장치를 제조하는 기업으로 2010년 나스닥에 상장했다. 주력 제품으로는 전기차인 모델 S, 모델 3, 모델 X가 있으며 현재 모델 Y와 사이버트럭의 출시를 앞두고 있다.

사업 초기에는 수익성보다는 미래 산업에 대한 기대감만으로 회사가 성장하면서 부정적인 시선을 받기도 했지만, 기가팩토리 설립

〈도표 8-9〉 **테슬라: 매출 및 영업이익**　　　　　　　　　　　　　　　　(단위: 달러)

구분	2016년	2017년	2018년	2019년
매출	70억	117억 5,900만	214억 6,100만	245억 7,800만
영업이익	6억 6,700만	16억 3,200만	2억 5,300만	8,000만

〈도표 8-10〉 **테슬라: 최근 5년간 주가 변동 추이**　　　　　　　　　　(단위: 달러)

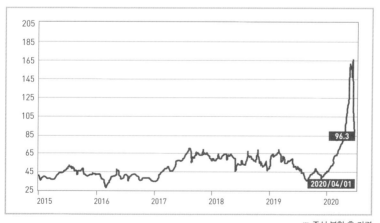

※ 주식 분할 후 가격
출처: 블룸버그

을 통한 수직계열화 등으로 사업이 안정화됨에 따라 영업이익이 흑자 전환에 성공하자 기대감이 한층 더 높아졌다. 그 결과 연간 자동차 판매량은 약 36만 7,000대에 불과하지만 연간 1,000만 대를 판매하는 폭스바겐을 제치고 글로벌 자동차 업체 시가총액 2위를 달성하기도 했다.

어드밴스드 마이크로 디바이시스

1969년에 설립된 반도체 회사다. 주력 사업은 PC 및 서버용 CPU(중앙 연산처리 장치)와 GPU(그래픽 처리 장치) 생산이다. 이 외에

〈도표 8-11〉 **어드밴스드 마이크로 디바이시스: 매출 및 영업이익**   (단위: 달러)

구분	2016년	2017년	2018년	2019년
매출	42억 7,200만	52억 5,300만	64억 7,500만	67억 3,100만
영업이익	4억 7,000만	7,500만	4억 5,100만	5억 7,200만

〈도표 8-12〉 **어드밴스드 마이크로 디바이시스: 최근 5년간 주가 변동 추이**   (단위: 달러)

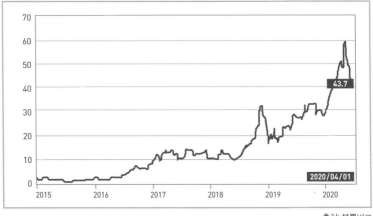

출처: 블룸버그

서버 또는 내장 프로세서를 위한 세미 커스텀을 통한 SoC 제품들도 제공한다. CPU 분야에서는 주요 사업자인 인텔(Intel)과 경쟁하고, GPU 분야에서는 엔비디아(NVIDIA)와 경쟁한다.

덱스콤

1999년에 설립됐으며 당뇨병 환자를 위한 연속 혈당 모니터링 시스템(CGMS: Continuous Glucose Monitoring System)의 설계 및 개발에 주력하는 글로벌 연속 혈당 측정기 시장점유율 1위인 의료기기 업체다. 피부 바로 밑의 피하 조직 내 포도당 수치를 측정하는 소형 이

〈도표 8-13〉 **덱스콤: 매출 및 영업이익**   (단위: 달러)

구분	2016년	2017년	2018년	2019년
매출	5억 7,300만	7억 1,900만	10억 3,200만	14억 7,600만
영업이익	6,400만	4,300만	1억 8,600만	1억 5,600만

〈도표 8-14〉 **덱스콤: 최근 5년간 주가 변동 추이**   (단위: 달러)

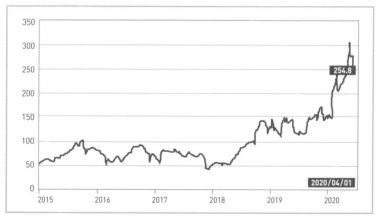

출처: 블룸버그

식 장치와 센서가 특정 간격으로 포도당 수치를 전송하는 소형 외부 수신기를 개발하여 연속 혈당 모니터링이 가능케 했고, 현재 주력 상품은 DexCom G6 CGM이다.

📈 듀얼 모멘텀 전략이 개인 투자자에게 도움이 되길

안토나치는 자신의 전략이 개인 투자자에게 도움이 되길 기대했다. 연구를 통해 개별 주식을 찾는 대신 통계적으로 투자 대상을 선별해 실수를 줄일 수 있기 때문이다. 그는 일반 투자자들이 시장 변동성에 지나치게 감정적으로 대응하며, 포트폴리오의 변동성이 높고, 분산투자가 지나치게 부족하며, 자신의 능력을 과신하고 보유한 주식을 지나치게 자주 사고판다고 했다. 여기에 정보 수집 환경도 불리하다고 지적했다. 따라서 일정한 규칙과 규율을 가지고 주식투자에 임하는 것이 좋다고 진단했다.[1]

특히 자신의 전략이 감정에 치우쳐 잘못된 시점에 시장을 빠져나가는 실수를 막아줄 것으로 기대했다. 안토나치는 개인 투자자들이 지나치게 잦은 매매를 하고, 분산투자에는 관심을 갖지 않는 등 행동 오류를 많이 보인다고 지적했다. 그러면서 듀얼 모멘텀 전략을 사용하는 것이 투자자들이 결정을 내리는 데 영향을 미칠 수 있는 감정적인 편향을 제거하는 데 도움이 될 것이라고 조언했다.[2]

그런 이유로 확정기여(DC)형 퇴직연금을 운용하는 직장인이 사용할 만하다는 분석이 나온다. 종목 대신 ETF 등에 투자하는 방식으로 듀얼 모멘텀을 활용할 수 있어서다. 이성규 삼성자산운용 EMP 운용팀장은 "투자 대상을 고를 때 시장뷰나 예측 등에 의존하지 않고 객관적인 투자를 할 수 있는 방법"이라며, "자동 손절매가 들어가는 시스템(절대 모멘텀에 의해 수익률이 마이너스로 전환되면 안전자산으로 자동 스위칭)이기 때문에 시장이 매우 악화되더라도 손실이 자동으로 제한된다"라고 분석했다.

듀얼 모멘텀 전략, 금융시장에 새로운 바람을 일으키다

주식시장에서 수익률의 결정 요인을 탐구하는 입장에서 놀랍고도 충격적인 현상이 바로 '모멘텀'이다. 모멘텀이란 어떤 이유로든 한 방향으로 움직이기 시작하면 계속 그 방향으로 나아가려는 주식 가격의 움직임을 뜻한다.

대학원 박사 과정에 입학했을 때 지도교수에게서 맨 처음 들은 얘기가 '블래시(BLASH)'였다. '쌀 때 사서 비싸게 판다(Buy Low And Sell High)'의 약자로, 금융시장에서는 일종의 철칙처럼 여겨졌다. 그러나 모멘텀 전략은 이와 정반대 전략을 추천하는 셈이다. 가격이 상승해 비싸 보이는 주식을 매입함으로써 이익을 내는 전략이니 말이다.

그럼 이 전략은 정말 효용이 있을까? 노벨경제학상 수상자인 유진 파마(Eugene Fama) 시카고대학교 경영대학원 교수는 효율적 시장 가설을 제창한 것으로 유명하다. 효율적 시장 가설이란 주식 가격에 이용 가능한 모든 정보가 담겨 있기에 시장에 이미 알려진 정보를 이용해 투자해서는 어떤 초과 성과도 거둘 수 없다는 주장이다. 그런 그조차도 최근 논문에서 "모멘텀은 시장에 존재하는 첫 번째 이례적 현상"이라고 한 바 있다.

이 대목에서 궁금증이 제기된다. 모멘텀 투자 전략이 한국은 물론 미국 주식시장에서도 뛰어난 성과를 올리는 이유는 어디에 있을까?

이에 대해 《듀얼 모멘텀 투자 전략》의 저자인 게리 안토나치는 매우 흥미로운 답을 제시한다. 그는 사람들이 함께 몰려다니는 것을 좋아한다는 점에 주목해야 한다고 주장한다. 존 메이너드 케인스(John Maynard Keynes) 역시 그의 책 《고용, 이자, 화폐의 일반이론》에서 운용 전문가들조차 군집행동에서 벗어나기 어렵다고 지적한다. 투자자산을 관리하는 사람으로서 볼 때 가장 중요한 행동 지침은 직업을 유지하는 것이기 때문이다. 따라서 직업을 안정적으로 유지하려면 혼자만 틀려서는 절대 안 된다. 직업적인 투자 관리인 사이에 군집행동이 나타나기 마련인 이유다.

그러나 모멘텀 전략의 과거 수익률이 뛰어나다고 하더라도 이 전략을 따르고자 할 때는 한 가지 위험을 경계해야 한다. 바로, 주가의 상승 모멘텀이 가장 강한 순간이 버블의 정점일 가능성이 크다는 점이다. 그렇다면, 2008년 초처럼 주식시장이 무너지기 시작할 때도 모멘텀 전략을 따라야 할까?

이 고민을 하는 투자자에게 듀얼 모멘텀 전략이 대안이 될 수 있다. 안토나치는 무작정 모멘텀이 강한 주식을 매수하는 게 아니라 한 가지 기준을 덧붙일 필요가 있다고 주장한다. 즉, 주식시장이 현재 상승 추세인지에 대한 판단까지 함께 고려해 투자하자는 것이다. 예를 들어 모멘텀 전략을 실행하기 위해 주식의 수익률을 조사해보니 대부분의 종목이 마이너스를 기록하고 있다면, 이때는 주식투자를 중단하고 현금을 보유하는 전략을 채택하라는 것이다. 주식시장이 붕괴되는 급박한 순간을 잠깐 피하는 것만으로도 수익률이 급격히 개선되며, 이에 따라 투자자는 장기적으로 꾸준히 모멘텀 전략을 추진할 용기를 얻게 되리라는 게 그의 전략의 요지다.

자산운용기관에서 일한 경험을 바탕으로 조금만 덧붙이자면, 듀얼 모멘텀 전략은 개별 종목은 물론 다양한 투자자산을 대상으로 투자하기에 적합하다. 예를 들어 한국 주식시장뿐만 아니라 미국, 영국 등 다양한 주식시장을 대상으로 듀얼 모멘텀 전략을 실행하는 것도 꽤 흥미로운 투자 전략이 될 것으로 판단된다.

9장

월스트리트의 큰 곰,
제시 리버모어

Warren Buffett
Benjamin Graham
Peter Lynch
Joel Greenblatt
David Dreman
Kelley Wright
David Swensen
Gary Antonacci
Jesse Livermore
William J. O'Neil

주식시장은 변하지 않는다.
인간의 본성이 결코 변하지 않기 때문이다.

제시 리버모어

📈 꼬마 투기꾼에서 전설의 트레이더로

'월스트리트의 큰 곰'으로 불렸으나 네 번의 파산 끝에 권총 자살로 생을 마감한 제시 리버모어. 그는 추세 매매의 대부로 일컬어진다. 단타 매매로 주식투자를 시작한 리버모어는 몇 번의 파산에서 배워가며 시장 추세에 주목하는 자신만의 투자법을 정립했다. 추세를 읽고 확인하기 위해 '물타기(하락 시 추가 매수)'가 아니라 '불타기(상승 시 추가 매수)'를 택하는 방식이었다. 앞서 소개한 게리 안토나치와 마찬가지로, 오르는 자산에 더 투자해야 한다고 주장했다.

초등학교를 졸업하자마자 증권회사 호가판 사환으로 일하던 리버모어는 열네 살 때부터 주식 거래를 시작했다. 커다란 호가판에 변동된 주가를 기록하며 익힌 차트 읽는 방법을 이용했다. 사설 거래소에서 주가 움직임을 예측해 단타 매매로 1만 달러 이상을 벌기도 했다. 사설 거래소에서 그를 '꼬마 투기꾼'이라며 경계하자, 뉴욕 거래소라는 큰 바다로 나갔다. 세 번의 파산을 겪었지만 이곳에서 돈과 명예를 얻었다. 세 번째 파산 이후 자신의 매매 기법에 따라 며칠 만에 5만 달러를 벌어들이기도 했다. 이후 15년간 연평균 66%

이상의 수익률을 기록하며 인생의 전성기를 누렸다.

그가 유명해진 해는 1929년이다. 리버모어는 세계 대공황 상황에서도 패닉에 빠지지 않고, 매도 포지션에 베팅했다. 그리고 10월 주가 대폭락을 계기로 1억 달러를 벌었다. 현재가치로 환산하면 20억 달러(약 2조 3,880억 원)에 달하는 돈이다. 행운은 오래가지 않았다. 주가 대폭락의 원흉으로 꼽히며 비난과 협박이 쏟아졌고, 우울증과 방탕한 생활이 도를 넘어섰다. 결국 1934년 5월 네 번째 파산했으며, 1940년 11월 권총 자살로 생을 마무리했다.

📈 물 대신 불을 타라

그의 투자법은 절대 모멘텀 기법으로 설명할 수 있다. 달리는 말에 올라타는 방식으로 오르는 주식에 베팅하는 것이다. 오르는 모습이 확실해지기 전까진 투자하지 않았다. 그는 횡보장에서는 상승이든 하락이든 가격의 움직임을 예상하는 시도는 의미가 없다고 했다. 가격이 어디로 튈지는 누구도 모르기 때문이다. 그는 가격이 위아래 어느 방향이건 자신이 생각하는 한계 범위를 돌파하기 전까지는 매수에 뛰어들어선 안 된다고 주장했다.[1]

그는 오르는 주식인지를 파악하기 위해 피라미딩 기법이라는 독특한 투자법을 고안해냈다. 예를 들어 어떤 주식을 주당 100원에 2,000주를 매수했는데 주가가 101원이 됐다면 옳은 판단을 한 것이니 2,000주를 추가로 매수한다. 그러고도 가격이 오르면 2,000주를 추가로 매수하는 식이다. 만약 매수하는 과정에서 주가가 내려가면 추가 매수를 멈추고, 추가 하락하면 주식을 매도했다. 그는 주식을 싼 가격에 사는 것이 좋다고 생각하지 않았다. 오히려 매수할 때마다 매수 평균 가격이 점점 높아지는 것이야말로 맞게 투자한 것이라고 주장했다.[2]

투자 대가로 불리는 그조차 시장을 이길 수 있는 사람은 없다는 것을 강조했다. 추세를 읽고 이를 따르는 것이 중요하다는 것이다. 그는 상승장에서 매수하는 것이 주식을 매수하는 가장 편안한 투자 방법이라고 했다. 주가의 고점과 저점을 예상하는 것은 불가능하기 때문에 시장 흐름에 맞춰 매수 또는 매도한 후 적절한 시점에 매도 또는 환매해야 한다고 강조했다.[3]

그는 가치투자자라기보다는 트레이더였지만, 시장을 올바르게 판단했다면 자신의 포지션을 유지하라고 조언했다. 오르는 주식을 샀을 때 '이익을 실현한 후에 조금 떨어졌을 때 다시 사야지'라고 생각하지만 이것은 불가능하다는 게 그의 지론이다. 그는 자신이 큰돈을 벌 수 있었던 것 역시 자신의 능력보다는 진득하게 포지션을 유지한 덕이라고 말했다.[4]

📈 코스피200 상승률을 3배 넘어선 리버모어의 전략

리버모어의 투자 전략은 한국 투자자에게도 유효한 것으로 나타났다. 그의 전략을 토대로 자산 포트폴리오를 구성해 모의투자를 한 결과, 2002년(블룸버그 데이터 확보가 가능한 시점)부터 2020년 3월 말까지 수익률(누적 기준)이 코스피200의 상승률을 3배 이상 웃돈 것으로 나타났다. 리버모어의 절대 모멘텀 전략에 맞는 투자 종목을 뽑기 위해 코스피200지수에 편입된 종목 중 12개월 수익률 상위 20개 종목을 대상으로 했다. 모멘텀 전략은 추세에 민감하기 때문에 매 분기 말 리밸런싱하는 것으로 가정했다. 그 결과 18년간 누적 수익률은 621.57%였다. 연환산 복리로 11.60%의 수익률이다. 같은 기간 코스피200지수는 201.44% 올랐다.

게리 안토니치의 듀얼 모멘텀과 리버모어의 절대 모멘텀 전략은 비슷한 기준을 공유하기에, 앞에서와 같이 20~30개 내외의 종목을 선별할 때는 그 차이가 두드러지지 않는다. 따라서 두 전략의 차이점을 극명하게 관찰하기 위해 개별 종목이 아닌 코스피 업종을 대상으로 모멘텀 전략을 사용하여 그 결과를 살펴봤다. 먼저 절대 모멘텀은 12개월 수익률이 높은 상위 5개 업종을 매수하고, 듀얼 모멘텀은 이 조건에 12개월 수익률이 0보다 크지 않은 업종은 제외하는 방식을 따랐다. 듀얼 모멘텀 전략에서는 지난 1년 수익률이 반드시 플러스인 경우에만 투자했다. 이에 따라 2008년 구간처럼 100% 현금을 보유하는 구간이 생기면서 하락장세를 피해 갈 수 있었다. 총

〈도표 9-1〉 **절대 모멘텀 vs 코스피200: 세부 지표**

(기준 시점: 2020.3.31.)

지표	절대 모멘텀	코스피200
수익률		
총수익률	621.57%	201.44%
연평균 복리 수익률(CAGR)	11.60%	6.32%
최대 수익률	10.21%	12.23%
최소 수익률	−10.55%	−10.33%
최대 손실폭	−63.48%	−52.41%
최대 손실폭 기간	1,214일	271일
최대 증가	2,628.77%	568.79%
위험		
표준편차(연간화)	26.39%	21.57%
추적오차(연간화)	17.04%	−
위험/수익률		
샤프비율	0.59	0.40

〈도표 9-2〉 **절대 모멘텀 vs 코스피200: 누적 성과**

(2002.4.=100)

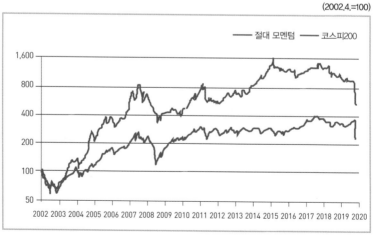

※ 누적 성과는 로그 변환을 통해 조정된 수치

수익률 측면에서 볼 때 듀얼 모멘텀은 하락에 대한 위험이 줄어들지만 최종 성과 역시 일반 모멘텀에 비해서 줄어드는 모습을 보였다. 높은 위험을 추구했을 때 더 높은 수익을 낼 수 있다는 당연한 사실이 또 한 번 증명된 셈이다.

〈도표 9-3〉 절대 모멘텀 vs 코스피200: 연도별 수익률

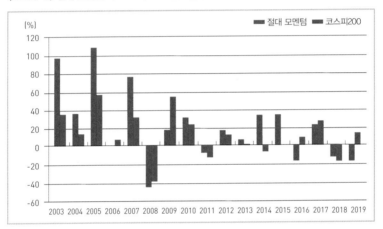

〈도표 9-4〉 듀얼 모멘텀 vs 절대 모멘텀 vs 코스피200: 누적 성과(업종)

(2002.4.=100)

※ 누적 성과는 로그 변환을 통해 조정된 수치

📈 2020년 리버모어 종목: 제약·바이오·인터넷

리버모어의 전략을 바탕으로 2020년 한국 증시에서 투자할 만한 종목으로는 녹십자·유한양행·일양약품 등 제약주, 삼성바이오로직스·셀트리온 등 바이오주, 카카오·네이버 등 인터넷주가 꼽혔다.

〈도표 9-5〉 절대 모멘텀 전략에 따른 한국 증시 편입 종목

종목	최근 12개월 수익률(%)	PER(배)	2020년 수익률(%)
DB하이텍	62.77	8.67	−24.28
하이트진로	50.44	−	−7.07
카카오	46.24	−	−1.95
삼성바이오로직스	38.17	147.54	4.50
부광약품	32.94	−	64.11
네이버	31.72	40.45	−12.60
엔씨소프트	27.21	35.54	14.23
일양약품	20.65	63.07	52.99
SK케미칼/신설	16.59	101.62	27.34
셀트리온	14.23	88.25	9.39
오리온	10.07	20.17	4.27
삼성SDI	7.16	43.33	−2.12
SKC	4.77	22.30	−26.27
삼성전자	3.83	14.46	−17.92
에스케이하이닉스	3.42	26.63	−16.68
녹십자	−0.64	−	7.55
유한양행	−1.61	69.70	−5.07
농심	−4.57	23.62	20.58
빙그레	−5.25	13.48	11.79
보령제약	−6.02	14.82	−31.63

※ 2020년 수익률은 연초부터 3월 말까지의 수익률

📈 미국 시장에선 부진한 성과 보여

리버모어의 전략을 미국 시장에 적용했을 때는 안토니치의 듀얼 모멘텀과 동일한 결과가 나왔다. 가장 큰 이유는 듀얼 모멘텀 기준 중에서 '최근 12개월 수익률이 마이너스인 경우 제외'라는 기준이 변별력을 갖지 못했기 때문이다. 이 책에서 설정한 미국 증시 유니버스는 S&P500지수, 나스닥지수에 포함된 종목이다. 이 중 50%로 기준을 높여도 약 1,400개의 기업이 포함된다. 매 분기 말에 수익률이 높았던 50개 종목을 선정할 때 그중 마이너스 수익률을 기록한 경우가 뽑히기는 쉽지 않다. 미국 시장이 한국과 달리 지난 10여 년간 꾸준히 상승세를 이어온 것도 동일한 결과가 나온 한 가지 이유로 꼽힌다.

한국에 적용했을 때도 절대 모멘텀과 듀얼 모멘텀 사이의 결과에는 큰 차이가 없었다. 이 때문에 절대 모멘텀과 듀얼 모멘텀의 확연한 차이를 보려면 개별 종목 같은 세부 분류보다는 업종 또는 더 나아가서 국가별 단위로 모멘텀 전략을 적용하는 것이 좋은 방법이 될 수 있다.

📈 ETF 투자 등에 적용할 만한 전략

리버모어의 투자법은 장기보다는 단기투자자에게 적합하다는 평가를 받는다. 그런 점에서 한국 투자자들에게 적합한 방식이기도 하다. 김성봉 삼성증권 상품지원 담당은 "한국 투자자들의 80%는 1개월에 한 번 이상 매매한다"며, "이들에겐 장기간 투자해야 하는 가치투자자들의 방법보다는 모멘텀 전략이 더 유용할 것"이라고 말했다.

절대 모멘텀 전략 역시 개별 종목보다는 ETF 등에 투자할 때 유용하다는 조언도 나왔다. 이성규 삼성자산운용 EMP운용팀장은 "리버모어의 투자 철학이 반영된 모멘텀 전략은 개별 주식보다 더 넓은 자산군에 적용할 때 더 효과적일 수 있다"며, "EMP(ETF 자문 포트폴리오) 펀드 등에서도 절대추세에 의해 하락장에서 손실을 최소화하면서 시장의 큰 추세를 추종해 상승장에서 수익 극대화를 추구하는 전략을 취한다"라고 말했다.

변동성이 크기 때문에 주의가 필요하다. 리버모어조차 하루에 2조 원이 넘는 돈을 벌기도 했지만 네 번이나 파산하는 등 굴곡진 삶을 살았다는 것을 명심해야 한다. 또 남의 말을 듣고 단타를 하기보단 시장 분석이 선행돼야 한다는 조언도 나왔다. 리버모어는 다른 사람의 말을 듣고 투자하는 것을 극도로 혐오했다. 그는 '비밀 정보'라는 것에 마음이 흔들리는 것은 탐욕이라기보다는 투자에 대해서 공부하고 판단하는 등 생각을 하고 싶어 하지 않는 '게으름' 때문이라고 비판하면서, 다른 사람의 얘기를 듣고 투자해서는 절대 부자가 될 수 없다고 단언했다.[5]

모멘텀 전략의 시조, 제시 리버모어

제시 리버모어는 가치투자와 더불어 오늘날 주식 매매 기법에서 중요한 한 축을 형성하는 모멘텀 투자 전략을 확립한 '모멘텀 투자의 아버지'라고 할 수 있다. 그는 1877년 미국 뉴잉글랜드에서 가난한 농부의 아들로 태어났다. 열네 살 때 보스턴의 한 증권회사 시세판 담당자로 일하며 주식투자의 길을 걷기 시작했다. 당시 5달러로 주식 매매를 했는데, 1년 뒤 회사에서 받는 급여보다 투자수익이 많아지자 전업 투자자로 변신했다.

1907년 샌프란시스코 대지진을 전후해 주식시장 폭락 장세에서 공매도(short selling)를 해 큰 자산을 쌓은 뒤, 1929년 대공황 당시 주식 매도 공세를 주도하며 '월스트리트의 큰 곰'이라는 별명을 얻었다. 당시 그는 자산을 1억 달러 이상으로 불렸다. 그러나 1933년부터 시작된 강세장에 제대로 대응하지 못해 자산 대부분을 잃었으며, 가정불화와 우울증으로 1940년 예순셋의 나이로 생을 마감했다.

드라마틱한 리버모어의 생애가 보여주듯, 모멘텀 전략은 매우 높은 성과를 기대해볼 수 있지만 예측이 빗나갔을 때의 위험도 크다. 그는 항상 "강세장인지 약세장인지 이야기하는 것을 주저하지 말라"라고 조언했다. 즉 약세장에서는 대부분 주식이 하락하고, 반대로 강세장에서는 모든 주식이 올라가는 특성을 지니고 있기에 시장의 추세를 판단하는 것이 가장 중요한 투자 포인트라는 것이다.

시장의 추세는 어떻게 판단해야 할까? 리버모어는 "주가를 지켜보는 목적은 한 가지, 즉 가격 변화의 방향을 판단하는 데 있다"라고 강조했다.

그럼 주식 가격의 변화 방향을 판단할 때는 어떤 부분에 주목해야 할까?

그는 저항선에 집중했다. 즉 주식 가격은 투자자들의 매매 공방이 있었던 레벨(저항선)을 만나면 올라가거나 내려간다는 것이다. 상승과 하락 분기점에서 가격은 '저항이 작은 쪽'으로 움직이게 되니, 이때 추세를 판단하라는 것이 리버모어의 조언이다. 그는 가격이 좁은 범위에서 움직일 때는 다음에 오는 큰 움직임을 예상하는 것은 무의미하다며, 잦은 매매는 수익에 도움이 되지 않는다고 지적했다.

물론 이는 쉽지 않은 일이다. 심지어 리버모어 역시 1933년부터 시작된 반등장에서 큰 손실을 보지 않았던가. 이후 게리 안토나치 등이 리버모어가 추천한 절대 모멘텀 전략을 수정한 듀얼 모멘텀 전략을 내놓는 등 다양한 변화가 일어났다. 그럼에도 "큰돈을 벌려면 개별적인 등락이 아니라 시장 전체 추세를 판단해야 한다"라는 리버모어의 주장이 금융시장 참가자들에게 큰 영향을 미쳤음은 누구도 부인할 수 없을 것이다.

10장

캔슬림 전략의 창시자,
윌리엄 오닐

Warren Buffett
Benjamin Graham
Peter Lynch
Joel Greenblatt
David Dreman
Kelley Wright
David Swensen
Gary Antonacci
Jesse Livermore

William J. O'Neil

주식시장에서 큰 승리를 거두는 비결은
항상 옳은 것이 아니라,
잘못됐을 때 손실 금액을 최소화하는 것이다.

윌리엄 오닐

📈 성공한 사람들의 발자취를 따라가다

윌리엄 오닐은 '오르는 주식을 가장 좋은 타이밍에 사는 방법'을 정립한 투자 전문가로 평가된다. 그는 직접 고안한 캔슬림(CAN SLIM) 전략으로 1년 만에 투자자산을 40배로 불리기도 했다. 유명한 트레이더들을 다룬 책 《시장의 마법사들》의 저자 잭 슈웨거(Jack D. Schwager)는 오닐을 가리켜 '개성 있고 독창적인 전략을 구사하는 트레이더'라고 했다.

오닐은 기존 투자자들이 중시하는 기업의 장부가치, 배당금, PER 등은 의미가 없다고 했다. 오르는 주식 간에 아무런 공통점이 발견되지 않기 때문이다. 대신 이익 증가율과 주가, 거래량 등에 집중해야 한다고 조언한다. 그는 "주식시장에서 수익을 올리기 위해서는 과거 성공 사례를 관찰하고 특징을 알아내야 한다"며, "개인적인 생각이나 전문가 의견이 아니라 주식시장 움직임에 집중해야 한다"라고 강조했다.[1]

오닐은 1958년 대형 증권회사에서 중개인으로 일하며 주식시장과 인연을 맺었다. 그는 입사 후 투자 성과가 좋은 사람들을 연구하는 데 몰두했다. 그중에서도 드레퓌스 펀드(Dreyfus Fund)라는 회사에 주목했다. 이 펀드를 운용하는 잭 드레퓌스((Jack Dreyfus)는 경쟁자보다 2배 이상 높은 수익을 올리고 있었다. 오닐은 드레퓌스의 매매 내역을 샅샅이 뒤져 연구한 끝에 모든 주식을 신고점에 올랐을 때 매수했다는 점을 찾아냈다. 이를 바탕으로 내놓은 전략이 캔슬림이다. 그는 이 전략을 통해 1962년부터 1963년까지 5,000달러의 투자금을 20만 달러로 늘렸다. 그리고 서른 살에 뉴욕증권거래소 최연소 회원이 됐다.

오닐은 자신의 방법론이 개인 투자자에게 무기가 되길 바랐다. 1978년 3월과 1982년 2월에는 두 면짜리 전면광고를 내 거대한 상승장이 임박했다는 사실을 알리기도 했다.《최고의 주식 최적의 타이밍》이란 책 역시 투자에 대해 조언하기 위해 썼다. 현재는 윌리엄 오닐 앤드 컴퍼니(William O'Neil & Co.)라는 중개회사를 운영하며 〈인베스터스 비즈니스 데일리〉라는 신문과 홈페이지에서 투자 정보를 제공하고 있다.

오닐의 가장 중요한 전략은 주가가 오를 때만 주식을 사야 한다는 것이다. 제시 리버모어가 주장한 '불타기(오르는 종목 추가 매수)' 전략과 같다. 그는 바닥을 다지고 있는 종목을 붙들고 기다리는 대신 오르기 시작하는 종목에 투자하라고 했다. 오닐은 "너무 늦게 사도 안 되지만 너무 빨리 사도 안 된다"며, "손실 가능성이 가장 작은 타이밍을 잡아야 한다"라고 강조했다.[2]

이 타이밍을 잡기 위해 필요한 것이 캔슬림 전략이다. 그는 오르는 모든 종목은 급등하기 직전 일곱 가지 특징을 보인다고 주장했다. 캔슬림(CAN SLIM)은 일곱 가지 전략의 이니셜을 딴 것이다.

- C: 현재 분기 순이익(current earnings per share)이 전년 대비 최소 30~50% 늘어난 종목
- A: 연간 순이익 증가율(annual earnings per share) 전망치가 높은 종목
- N: 신제품 등 새로운(new) 뭔가가 있는 종목
- S: 발행주식수(shares outstanding)가 적은 종목
- L: 주도주(leader)와 느림보주(laggard)
- I: 기관 투자가(institutional sponsorship)의 매수세가 몰리는 종목
- M: 시장(market)이 상승 흐름에 접어들었는가

📈 오늘의 전략, 코스피에선 어떨까?

오닐의 투자 전략은 한국 투자자에게도 유효한 것으로 나타났다. 그의 전략을 토대로 자산 포트폴리오를 구성해 모의투자를 한 결과, 블룸버그 데이터 확보가 가능한 시점인 2002년부터 2020년 3월 말까지 수익률(누적 기준)이 코스피200지수 상승률을 웃돈 것으로 나타났다(〈도표 10-1〉).

캔슬림 전략에 맞는 투자 종목을 뽑기 위해 우량주 위주의 코스

피200지수에 편입된 종목 중 다음의 조건을 기준으로 했다.

- 최근 분기의 전년 동기 대비 EPS 증가율 상위 50%
- 최근 분기의 전년 동기 대비 매출 증가율 상위 50%
- 최근 연간 EPS 증가율 상위 50%
- 최근 ROE 상위 50%

이 기준을 통과한 종목 중 최근 1년간 주가 상승률 상위 20개 종목을 선정했다. 2002년부터 투자를 시작해 매년 3월 말 리밸런싱하는 것으로 가정했다.

캔슬림 중 정량적 지표를 통해 확실히 적용할 수 있는 C, A, L 세가지 기준을 사용했다. 또 오닐이 제시한 구체적인 값 대신 백분율 기준을 사용했다. 오닐의 기준을 코스피200 종목에 그대로 적용하면 편입되는 종목이 너무 적거나 없는 경우가 있었기 때문이다.

여러 한계에도 오닐의 전략을 따른 결과 18년간 누적 수익률은 467.52%를 기록했다. 연환산 복리로 10.74%의 수익률이다. 같은 기간 코스피200지수는 370.15%(연환산 복리 수익률 9.53%) 올랐다.

2008년(-45.06%), 2016년(-1.92%), 2018년(-17.14%)을 제외하곤 0.38~44.49%의 꾸준한 수익을 냈다. 가장 성과가 좋았던 해는 2010년(44.49%)이었다(〈도표 10-3〉).

〈도표 10-1〉 **캔슬림 vs 코스피200: 세부 지표**

(기준 시점: 2020.3.31.)

지표	캔슬림	코스피200
수익률		
총수익률	467.52%	370.15%
연평균 복리 수익률(CAGR)	10.74%	9.53%
최대 수익률	13.23%	12.23%
최소 수익률	−10.64%	−10.33%
최대 손실폭	−63.75%	−52.41%
최대 손실폭 기간	276일	271일
최대 증가	859.71%	535.73%
위험		
표준편차(연간화)	23.39%	20.70%
추적오차(연간화)	12.46%	−
위험/수익률		
샤프비율	0.59	0.57

〈도표 10-2〉 **캔슬림 vs 코스피200: 누적 성과**

(2003.4.=100)

※ 누적 성과는 로그 변환을 통해 조정된 수치

〈도표 10-3〉 캔슬림 vs 코스피200: 연간 수익률

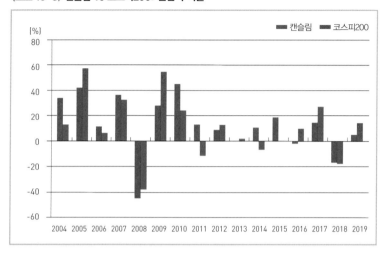

📈 2020년 오닐 종목: IT · 건강관리 · 바이오

윌리엄 오닐의 전략은 대표적인 성장주 전략으로 단기적으로 실적
개선 기대감이 높은 건강관리 및 IT 업종이 포함됐다. 2020년 한국
증시에서 투자할 만한 종목으로는 DB하이텍 등 IT 기업과 한올바
이오파마 · 셀트리온 등 바이오주 등이 꼽혔다.

〈도표 10-4〉 캔슬림 전략에 따른 국내 증시 편입 종목

종목	ROE (%)	최근 분기 EPS의 전년 동기 대비 증가율(%)	최근 12개월 수익률(%)
DB하이텍	20.37	38.87	62.77
메리츠종합금융증권	15.99	56.58	−45.71

제일기획	15.63	109.49	−35.84
한올바이오파마	14.77	324.53	−33.72
호텔신라	14.38	125.52	−29.08
삼성엔지니어링	14.11	125.27	−39.82
신세계인터내셔날	12.15	187.26	−38.58
대상	11.48	622.81	−36.53
에스원	10.96	337.31	−22.14
동아에스티	10.49	177.70	−16.20
현대중공업지주	10.40	362.67	−39.62
셀트리온	10.33	108.10	14.23
현대글로비스	9.75	48.09	−31.82
고려아연	9.20	36.70	−23.99
강원랜드	9.19	184.95	−39.94
NH투자증권	8.50	277.02	−36.01
삼성증권	7.82	159.94	−16.37
빙그레	7.19	133.18	−5.25
한국투자금융지주	6.71	200.45	−26.53
한국전력 기술	5.54	202.50	−36.31

📈 금융시장이 발전한 미국에선 부진한 성과

오닐의 투자 전략은 미국에서는 좋은 성적을 내지 못한 것으로 나타났다. 오닐의 전략을 토대로 자산 포트폴리오를 구성해 모의투자를 한 결과, 2002년부터 2020년 3월 말까지 수익률(누적 기준)은 S&P500지수 상승률을 밑돈 것으로 나타났다(〈도표 10-5〉).

오닐 전략의 투자 종목을 뽑기 위해 미국 S&P500과 나스닥에 상장된 기업 중 다음의 조건을 기준으로 했다.

- 최근 분기의 전년 동기 대비 EPS 증가율 상위 50%
- 최근 분기의 전년 동기 대비 매출액 증가율 상위 50%
- 최근 연간 EPS 증가율 상위 50%
- 최근 ROE 상위 50%

이 기준을 통과한 종목 중 최근 1년간 주가 상승률 상위 50개 종목을 선정했다. 2002년부터 매년 4월 1일 리밸런싱하는 것으로 가정했다.

그 결과 18년간 누적 수익률은 122.87%였다. 연환산 복리로 4.55%의 수익률이다. 같은 기간 S&P500지수는 223.69% 올랐다.

윌리엄 오닐의 캔슬림 전략은 기본적으로 성장주에 초점을 맞춘 전략이다. 미국을 비롯한 글로벌 시장은 지난 2008년 금융위기 이후 대형 기술주를 중심으로 한 성장주의 강세가 이어졌다. 그럼에도 성장주 전략으로 분류되는 캔슬림 전략은 미국 증시에 적용했을 때 벤치마크를 밑도는 결과가 나타났다. 먼저 윌리엄 오닐이 제시한 캔슬림 전략에는 시장 흐름, 신제품이나 서비스 등 정성적인 측면들도 포함되는데 이번 분석에서는 정량적 지표를 주로 활용했기 때문이다. 정량적 지표에는 주당순이익과 같은 이익 측면의 지표가 주로 활용됐다.

〈도표 10-5〉 캔슬림 vs S&P500지수: 세부 지표

(기준 시점: 2020.3.31.)

지표	캔슬림	S&P500지수
수익률		
총수익률	122.87%	223.69%
연평균 복리 수익률(CAGR)	4.55%	6.74%
최대 수익률	14.05%	11.58%
최소 수익률	−12.38%	−11.98%
최대 손실폭	−66.67%	−55.26%
최대 손실폭 기간	362일	369일
최대 증가	438.94%	528.72%
위험		
표준편차(연간화)	25.20%	19.56%
추적오차(연간화)	12.64%	−
위험/수익률		
샤프비율	0.26	0.38

〈도표 10-6〉 캔슬림 vs S&P500지수: 누적 성과

(2002.4.=100)

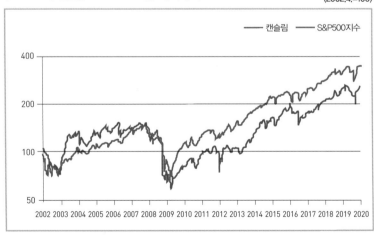

※ 누적 성과는 로그 변환을 통해 조정된 수치

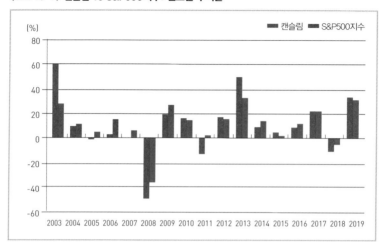

또 미국처럼 금융시장이 발전한 나라에서는 실적 발표에 한발 앞서 선제적으로 투자에 나서는 경우가 많다. 그래서 시장에 정보가 공개된 이후에는 이를 활용하여 시장 초과 수익률을 달성하기가 어렵다.

📈 미국 시장의 캔슬림 업종: IT·건강관리 등 성장주

윌리엄 오닐의 캔슬림 전략은 대표적인 성장주 중심의 전략이다. 캔슬림 중 정량적 지표를 적용하여 선정한 포트폴리오에는 IT 그리고 건강관리와 같은 대표적인 성장주 업종의 비중이 절반가량을 차지했다.

〈도표 10-8〉 캔슬림 전략에 따른 미국 증시 편입 종목

종목	최근 분기 EPS의 전년 동기 대비 증가율(%)	최근 연간 매출액의 전년 대비 증가율(%)	ROE (%)	최근 연간 EPS의 전년 대비 증가율(%)	시가총액 (달러)	최근 12개월 수익률 (%)
인페이즈 에너지 (Enphase Energy)	9,400.00	97.47	115.11	1,250.00	38억	221.49
톰 PLC (TORM PLC)	9,114.97	9.01	17.90	566.67	6억	0.89
서비스나우 (ServiceNow)	7,825.00	32.64	38.70	2,340.00	518억	11.13
케이던스 디자인 시스템즈 (Cadence Design Systems)	569.44	9.27	58.32	187.30	183억	0.68
CVS 헬스 (CVS Health)	462.16	31.96	10.87	994.74	760억	11.24
호라이즌 세러퓨틱스 (Horizon Therapeutics)	426.67	7.66	33.95	1,461.74	57억	14.64
올스테이트 (Allstate)	411.11	12.21	21.76	146.54	273억	-7.34
시그나 (Cigna)	372.73	215.65	11.82	27.03	643억	6.94
넷플릭스 (Netflix)	332.26	27.62	29.12	53.24	1,597억	-0.78
프로그레시브 (Progressive)	311.79	22.04	33.55	51.69	423억	3.06
B. 라일리 파이낸셜 (B. Riley Financial)	288.24	54.17	26.30	413.33	4억	6.62
킨세일 캐피털 그룹 (Kinsale Capital Group)	285.71	42.22	18.90	83.75	22억	46.86
GCI 리버티 (GCI Liberty)	200.97	20.95	36.93	327.56	56억	-5.01
이헬스 (eHealth)	183.33	101.36	16.11	28,900.00	33억	115.69
빅토리 캐피털 홀딩스 (Victory Capital Holdings)	166.67	49.78	18.62	42.71	10억	2.95
덱스콤 (DexCom)	149.75	43.08	13.08	177.08	233억	121.25
코카콜라 (Coca-Cola)	140.00	8.65	49.61	38.41	1,808억	-7.01

마스타카드 (Mastercard)	139.08	12.93	143.83	41.74	2,297억	-3.87
제이콥스 엔지니어링 그룹 (Jacobs Engineering Group)	121.84	20.40	14.64	420.34	105억	3.59
사피엔스 인터내셔널 (Sapiens International)	75.00	12.41	12.31	89.29	8억	18.40
멜라녹스 테크놀로지스 (Mellanox Technologies)	66.25	22.21	13.87	46.85	67억	1.66
앱폴리오 (AppFolio)	62.50	34.69	32.42	81.36	33억	23.24
ACM리서치 (ACM Research)	57.14	44.05	25.25	166.67	4억	76.84
카브코 인더스트리 스(Cavco Industries)	55.78	10.50	13.91	10.85	10억	-1.48
칼라일 그룹 (Carlyle Group)	53.33	37.89	57.14	242.70	68억	12.72
테크타겟 (TechTarget)	50.00	10.40	11.82	29.79	5억	19.91
휴마나 (Humana)	48.85	14.01	24.39	65.03	394억	12.20
무디스 (Moody's)	45.80	8.69	265.55	9.80	369억	8.09
CSW 인더스트리얼스 (CSW Industrials)	45.45	7.34	17.22	489.47	8억	3.68
페이콤 소프트웨어 (Paycom Software)	43.64	30.25	41.93	32.49	110억	-1.49
어도비 (Adobe)	43.48	23.71	29.67	14.96	1,451억	10.67
퀄리스 (Qualys)	43.24	15.32	18.62	20.41	32억	0.21
마이크로소프트 (Microsoft)	40.37	14.03	42.41	137.67	1조 1,569억	29.50
룰루레몬 애슬레티카 (lululemon athletica)	37.95	21.01	38.00	36.36	238억	10.86
코셉트 세러퓨틱스 (Corcept Therapeutics)	36.84	21.99	29.11	26.15	13억	3.54
에이에이온 (AAON)	32.00	8.15	19.91	27.16	24억	1.57

메드페이스 홀딩스 (Medpace holdings)	28.13	22.19	15.27	36.10	24억	15.90
코파트 (Copart)	28.07	13.08	35.23	42.78	151억	4.20
레스메드 (ResMed)	27.59	11.38	19.59	28.05	205억	37.48
록히드 마틴 (Lockheed Martin)	20.09	11.25	275.60	24.52	954억	14.04
엑스포넌트 (Exponent)	20.00	9.93	24.83	13.87	35억	21.06
유나이티드헬스 그룹 (UnitedHealth Group)	18.71	7.03	25.32	16.87	2,251억	−1.71
테트라 테크 (Tetra Tech)	14.47	8.58	16.22	17.48	36억	10.59
달러 제너럴 (Dollar General)	14.05	8.31	26.11	11.52	385억	30.60
아이콘 Plc (ICON Plc)	13.26	8.09	25.16	16.51	70억	−4.40
비자 (VISA)	12.59	11.49	41.83	20.20	3,004억	−2.05
매치 그룹 (Match Group)	11.90	18.58	239.98	10.40	184억	9.51
몬스터 베버리지 (Monster Beverage)	9.30	10.34	28.47	14.61	285억	−0.34
CSG 시스템스 인터내셔널 (CSG Systems International)	9.23	13.91	21.85	26.47	13억	−4.43
마켓액세스 홀딩스 (Marketaxess Holdings)	8.87	17.40	29.74	18.16	126억	36.26

📈 미국 시장의 대표적인 오널 종목

넷플릭스

2017년 이후 미국 주식시장의 랠리를 이끌었던 이른바 '팡(FAANG, Facebook · Apple · Amazon · Netflix · Google)' 기업의 하나다. 1997년 온라인 DVD 대여 서비스를 주력 사업으로 설립됐다. 이후 온라인 대여 및 판매 사이트인 넷플릭스닷컴을 선보였고 월정액 서비스를 도입했다. 2017년에는 넷플릭스가 제작한 〈화이트 헬멧: 시리아 민방위대〉로 아카데미 단편 다큐멘터리 상을 받기도 했다. 2002년 5월 23일 미국 나스닥에 상장했다.

현재는 세계 최대 가입자를 확보한 글로벌 1위의 OTT(Over The Top, 온라인 동영상 서비스) 사업자로, 영화 · 드라마 등의 콘텐츠를 제공한다. 이 서비스를 통해 소비자들은 모바일, PC, TV 등 다양한 기기에서 언제, 어디서나 원하는 콘텐츠를 볼 수 있다. 2019년 말 기준 전 세계 가입자는 1억 6,710만 명이고, 190개국에서 서비스를 제공하고 있다.

미국 시장에서는 넷플릭스와 디즈니, 애플, 아마존 등이 OTT 시장에서 경쟁하고 있다. 특히 막강한 콘텐츠를 가진 디즈니의 등장은 넷플릭스의 성장성에 의문을 품게 했다. 그러던 중 2020년 코로나19로 사람들이 야외 활동을 줄이면서 상대적인 수혜를 보는 종목으로 꼽혔다. 다만, 넷플릭스에서 방영되는 다양한 작품의 제작이 미뤄지고 있어 장기적으로 타격을 받을 수 있다는 전망도 나온다.

<도표 10-9> 넷플릭스: 매출 및 영업이익

(단위: 달러)

구분	2016년	2017년	2018년	2019년
매출	88억 3,067만	116억 9,271만	157억 9,434만	201억 5,645만
영업이익	3억 7,979만	8억 3,868만	16억 523만	26억 425만

<도표 10-10> 넷플릭스: 최근 5년간 주가 변동 추이

(단위: 달러)

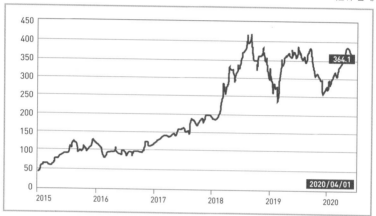

출처: 블룸버그

마이크로소프트

1975년 빌 게이츠가 설립한 소프트웨어 기업이다. 오늘날 대부분 사람이 컴퓨터에서 쓰고 있는 윈도 개발사로 유명하다. 스마트폰 시대에 적응하지 못하며 몰락의 길을 걷는가 했지만 4차 산업혁명 시대에 클라우드 사업을 강화하며 다시 부각되고 있다.

코로나19 사태로 재택근무 도입이 확산되면서 클라우드 기반 소프트웨어 사용이 늘고 있는 점이 호재로 꼽힌다. 동시에 재택근무에 필요한 PC 수요 증가로 관련 매출도 늘 것으로 기대된다. 게

(단위: 달러)

구분	2016년	2017년	2018년	2019년
매출	911억 5,400만	965억 7,100만	1,103억 6,000만	1,258억 4,300만
영업이익	257억 5,600만	289억 7,000만	350억 1,100만	429억 3,300만

〈도표 10-12〉 **마이크로소프트: 최근 5년간 주가 변동 추이** (단위: 달러)

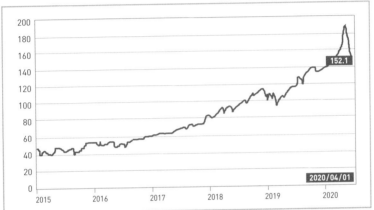

출처: 블룸버그

임 인구가 늘어나는 것 역시 게임 사업부문에 긍정적이라는 분석
이다.

룰루레몬 애슬레티카

1998년 캐나다 출신 기업인 데니스 칩 월슨(Dennis Chip Wilson)이
설립했다. 애슬레저룩의 원조 기업으로 평가받는다. 애슬레저룩은
애슬레틱(atheletic)과 레저(leisure)의 합성어로, 일상생활에서 평상
복으로도 입을 수 있는 운동복을 말한다. 룰루레몬은 요가복을 파
는 것이 아니라 요가 문화를 판다고 말한다. 상업광고를 하지 않지

만 체험형 매장, 요가 강사 등 인플루언서의 입소문을 통해 성장했다. 룰루레몬은 요가복계의 샤넬로 불리는데, 그 이유는 비싼 가격 때문이다. 다른 요가복 브랜드에 비해 20~40% 정도는 비싸고 세일도 하지 않는다.

2007년 미국 나스닥에 상장했다. 미국 등 선진국 시장에서의 성장률은 낮아지고 있지만, 중국 등 신흥국 시장이 빠르게 커지면서 매출도 함께 늘고 있다.

〈도표 10-13〉 **룰루레몬 애슬레티카: 매출 및 영업이익**   (단위: 달러)

구분	2016년	2017년	2018년	2019년
매출	172억 8,500만	112억 7,640만	119억 5,790만	115억 4,150만
영업이익	22억 4,410만	5억 4,020만	7억 7,410만	5억 2,880만

〈도표 10-14〉 **룰루레몬 애슬레티카: 최근 5년간 주가 변동 추이**   (단위: 달러)

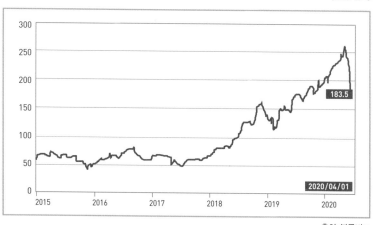

출처: 블룸버그

어도비

1982년 설립된 소프트웨어 기업이다. 그래픽 소프트웨어인 포토샵, 일러스트레이터 등의 프로그램을 제작·판매한다. 콘텐츠 제작에 필요한 툴을 제공하는 크리에이티브 클라우드, 전자서명 솔루션인 도큐멘트 클라우드 등도 주요 사업에 속한다. 2013년부터 프로그램을 월 구독 형식으로 판매하고 있다. 구독 비즈니스의 힘으로 매출도 상승 추세다. 전체 매출의 90% 이상을 구독형 매출이 차지할 정도다.

코로나19로 많은 산업이 타격을 받았지만 상대적으로 영향이 적

〈도표 10-15〉 **어도비: 매출 및 영업이익**   (단위: 달러)

구분	2016년	2017년	2018년	2019년
매출	58억 5,443만	73억 151만	90억 3,001만	111억 7,130만
영업이익	14억 9,360만	21억 6,809만	28억 4,037만	32억 6,812만

〈도표 10-16〉 **어도비: 최근 5년간 주가 변동 추이**   (단위: 달러)

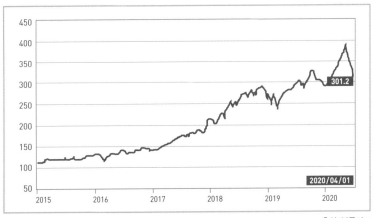

출처: 블룸버그

을 것이란 전망에 관심이 높아지고 있다. 어도비 공식 홈페이지에서 직접 판매가 이뤄지고 있으며, 포토샵 등 디자인 관련 제품들은 사실상 독점에 가깝기 때문이다. 디지털 콘텐츠 제작이 늘어나는 시대에 제작에 사용되는 프로그램의 수요는 꾸준할 것으로 전망된다.

📈 무릎에서 사서 어깨에서 팔아라

오늘의 투자법은 오를 만한 종목을 고르기 힘든 개인 투자자에게 도움이 될 것이란 평가를 받는다. 바닥에 사겠다는 생각 대신 무릎이나 엉덩이쯤에서 사 어깨에서 파는 걸 노리는 게 오닐의 투자법이기 때문이다.

장기투자보다는 단기투자자에게 적합한 전략이다. 시장 흐름과 차트를 보고 매매를 결정하기 때문이다. 중요한 것은 잃지 않는 투자를 하는 것이라고 오닐은 강조했다. 그는 좋은 판단을 하는 것보다 더 중요한 것은 틀렸을 때 최대한 돈을 적게 잃는 것이라며, 개인투자자의 경우 7% 손실이 나면 바로 매도해야 한다고 말했다.[3]

손실을 확정 짓는 것을 두려워하는 투자자들에게는 '손절매가 꺼려진다면 주식투자를 하지 않는 것이 낫다'라고까지 말했다. 그는 손실이 커지게 방치하는 것은 투자자들이 범하는 가장 심각한 오류라고 평가했다. 그리고 과거의 사례를 봤을 때 규칙이 없다면 대폭락장이 왔을 때 파산까지 할 수 있다고 경고했다.[4]

윌리엄 오닐,
성장주 투자의 신시대를 열다

윌리엄 J. 오닐은 1933년 미국 오클라호마에서 태어났다. 남부 감리교대학교를 졸업한 뒤 1958년 하이든, 스톤 앤드 컴퍼니(Hayden, Stone & Company)에 들어가면서 주식시장과 처음 인연을 맺었다. 그곳에서 3년 동안 최고 투자 수익률을 올린 뮤추얼펀드의 비결을 연구한 끝에 이른바 '캔슬림(CAN SLIM)' 원칙을 찾아냈다. 그는 이 원칙을 활용해 1년 만에 5,000달러의 투자원금을 20만 달러로 키워 서른 살에 뉴욕증권거래소(NYSE) 최연소 회원이 됐다. 그는 윌리엄 오닐 앤드 컴퍼니를 설립했으며 투자자들에게 일별로 상세한 주식시장 데이터를 제공하는 〈인베스터스 비즈니스 데일리〉를 창간했다. 인베스터스닷컴(investors.com)도 운영하고 있다.

CAN SLIM의 'C'는 현재의 분기 실적을 의미한다. 오닐은 현재의 실적이 지난해 같은 분기에 비해 크게 늘어난 기업에 투자하라고 권고한다. 'A'는 연간 순이익의 성장률로, 오닐은 분기 실적뿐만 아니라 연간 실적도 성장주를 찾아내는 데 매우 중요한 사항이라고 본다. 특히 그는 지난 3년간 순이익이 크게 늘어난 기업에 주목한다. 'N'은 신제품, 신경영, 신고가를 의미한다. 오닐은 주가가 비약적으로 상승하기 위해서는 무언가 새로운 것이 필요하다고 강조한다. 이상의 세 가지 조건을 다 충족하라는 게 아니라, 세 가지 중에 적어도 하나 이상 충족한 기업들의 수익률이 높았다는 이야기다.

네 번째로 'S'는 수요와 공급을 의미한다. 예를 들어 주식을 50억 주나 발행한 기업의 주가는 물량 과다로 쉽게 움직이기 어렵지 않겠느냐는 지적이다. 따라서 오닐은 자사주를 매수하는 등 수급 여건이 개선되는 종목을 선호한다. 'L'은 주도주냐 소외주냐를 의미한다. 오닐은 활황 업종에서 선두를 달리는 2~3개 종목이 놀라운 성장률을 기록한다고 강조한다. 이런 면에서 보면 다섯 번째 원칙은 제시 리버모어의 주장과도 꽤 맞닿아 있다고 볼 수 있다.

마지막으로 여섯 번째와 일곱 번째 원칙은 기관 투자가의 뒷받침과 시장의 방향을 의미한다. 여기서 기관 투자가의 뒷받침이란 뮤추얼펀드나 연기금 등 기관이 주식을 많이 보유하고 있다는 것을 의미하며, 시장 방향은 말 그대로 주식시장의 방향성을 뜻한다.

오닐이 제시한 캔슬림 원칙은 이익과 주가의 상승 속도가 빠른 성장주에 투자하되 주식시장이 강세를 보이는 국면인지 아닌지를 잘 판단하라는 조언을 담고 있다. 문제는 이와 같은 전략이 꽤 '흐름'을 탄다는 점이다. 예를 들어 2000년대처럼 가치주가 우세하던 시기에는 별다른 성과를 내지 못한 반면, 2008년 글로벌 금융위기 이후에는 성과를 낸 것이 대표적이다.

경기 및 기업 실적이 안정적으로 개선되는 국면에는 상대적으로 싸게 거래되는 가치주의 인기가 오르는 반면, 기업 실적 전망이 어두운 시기에는 경기와 상관없이 실적을 낼 잠재력을 보유한 성장주에 관심이 쏠리는 것은 당연하다고 할 수 있다. 2008년 이후 글로벌 금융시장에서 성장주의 인기가 지속되고 있음을 고려할 때, 캔슬림을 비롯한 성장주 투자 전략이 당분간은 더 뛰어난 성과를 기록할 것으로 기대된다. 다만 기업 실적 전망에 대한 기대가 달라질 때는 흐름의 변화가 나타날 수 있음을 알고, 미리 대비하는 게 바람직하다.

대가들의 공통점을 발견하셨기를

지금까지 대가들의 다양한 투자법과 그에 따른 성과를 분석해봤습니다. 다른 배경에서 다른 시대를 살아간 이들이지만 몇 가지 공통점을 발견할 수 있었습니다. 가장 먼저 꼽을 수 있는 것은 자기 투자에 대한 굳건한 원칙입니다. 대가들은 자신들이 이 회사에 왜 투자하는지에 대한 정확한 이유가 있었습니다. 그것은 자신이 가진 원칙과 기준에 따른 것이었습니다. 다른 사람들이 투자를 하기 때문에, 누가 알려준 투자 정보 때문이 아니었습니다. 오히려 시장의 움직임을 역행하고, 모두가 아니라고 하는 기업에 투자하는 모습을 보였습니다.

또한 이들은 자신들의 원칙을 장기간 지켰습니다. 가치투자자들에게서 이런 특징이 더욱 두드러졌습니다. 벤저민 그레이엄이 싹을 틔우고 워런 버핏이 꽃을 피운 가치투자 기법을 주창하는 투자자들은 최소 3년, 가능하다면 10~20년을 바라보는 장기투자가 중요하다고 말했습니다. 이들이 주장하는 평균회귀와 안전마진, 복리효과를 누리기에 단기투자는 적합하지 않았기 때문입니다. 주도주가 뚜렷한 강세장에서는 가치투자의 성과가 시장을 밑도는 경우도 나타났지만 장기적으로 봤을 때는 대부분 시장 수익률을 넘어서는 결과를 보였습니다.

분산투자 또한 대가들의 특징입니다. 주식과 채권 등 다양한 자산군에 투자해야 한다고 말한 데이비드 스웬슨만이 아닙니다. 조엘 그린블라트, 켈리 라이트, 피터 린치 등도 한 종목에 올인하기보다는 될 만한 종목에 나누어 투자할 것을 권했습니다. 물론 지나치게 많은 종목에 투자하는 것은 그 나름의 부작용이 있습니다. 인덱스에 투자하는 것만 못할 수도 있고요. 이 책에서 대가별로 한국 시장은 20개, 미국 시장은 50개 정도의 종목에 투자하는 방식을 택한 것도 이 때문입니다.

마음에 드는 대가를 찾으셨나요? 이 책에서 백테스트한 결과가 좋다고 해서 그 대가의 투자법이 옳고, 그렇지 않다고 해서 나쁜 것은 아닙니다. 이 책에서는 대가의 투자법을 전략화하는 방법을 보여주고, 그에 따른 결과를 테스트한 것이기 때문에 실제 그들의 성과와는 다를 수 있습니다. 이 책을 읽는 시간이 어떤 마음가짐으로 어떤 방법론을 가지고 투자할지에 대해 생각할 수 있는 시간이었기를 바랍니다.

주

프롤로그
———

1. 제레미 밀러, 《워런 버핏, 부의 기본 원칙: 워런 버핏의 오늘을 만든 투자의 기본》, 이민주 옮김, 북하우스, 2019, 37쪽

1장
———
1. 제레미 밀러, 앞의 책, 51쪽
2. 제레미 밀러, 앞의 책, 9쪽
3. 제레미 밀러, 앞의 책, 46쪽
4. 제레미 밀러, 앞의 책, 46쪽
5. 제레미 밀러, 앞의 책, 79쪽
6. 제레미 밀러, 앞의 책, 74쪽
7. 대니얼 피컷·코리 렌, 《워런 버핏 라이브: 버크셔 해서웨이 주주총회 33년간의 Q&A 지상 중계》, 이건 옮김, 신진오 감수, 에프엔미디어, 2019, 301쪽
8. 대니얼 피컷·코리 렌, 앞의 책, 526~528쪽
9. 제레미 밀러, 앞의 책, 313쪽
10. 프레더릭 반하버비크, 《초과수익 바이블: 100년을 관통하는 세계적 대가들의 주식투자 절대 원칙》, 이건·서태준 옮김, 신진오 감수, 에프엔미디어, 2017, 100쪽
11. 강영연 외, 《버핏클럽 issue 2》, 에프엔미디어, 2019, 29~35쪽

12. 강영연 외, 앞의 책, 51~53쪽

13. 제레미 밀러, 앞의 책, 33쪽

14. 프레더릭 반하버비크, 앞의 책, 2017, 58쪽

15. 제레미 밀러, 앞의 책, 19쪽

2장
—

1. 스티그 브라더선 · 프레스턴 피시,《벤저민 그레이엄의 현명한 투자자: 정
   말 읽기 쉬운 핵심 요약판》, 이건 옮김, 신진오 감수, 북돋움, 2015, 9쪽

2. 스티그 브라더선 · 프레스턴 피시, 앞의 책, 196쪽

3. 스티그 브라더선 · 프레스턴 피시, 앞의 책, 128쪽

4. 스티그 브라더선 · 프레스턴 피시, 앞의 책, 198쪽

5. 스티그 브라더선 · 프레스턴 피시, 앞의 책, 198쪽

6. 스티그 브라더선 · 프레스턴 피시, 앞의 책, 44쪽

7. 스티그 브라더선 · 프레스턴 피시, 앞의 책, 30쪽

8. 스티그 브라더선 · 프레스턴 피시, 앞의 책, 48쪽

9. 스티그 브라더선 · 프레스턴 피시, 앞의 책, 26쪽

10. 스티그 브라더선 · 프레스턴 피시, 앞의 책, 37쪽

11. 스티그 브라더선 · 프레스턴 피시, 앞의 책, 8쪽

12. 스티그 브라더선, 프레스턴 피시 · 앞의 책, 861쪽

13. 스티그 브라더선, 프레스턴 피시 · 앞의 책, 122쪽

3장
—

1. 피터 린치 · 존 로스차일드,《전설로 떠나는 월가의 영웅: 주식투자에서 상
   식으로 성공하는 법》, 이건 옮김, 국일증권경제연구소, 2017, 149쪽

2. 피터 린치 · 존 로스차일드, 앞의 책, 27쪽

3. 피터 린치·존 로스차일드, 앞의 책, 184쪽

4. 피터 린치·존 로스차일드, 앞의 책, 185쪽

5. 피터 린치·존 로스차일드, 앞의 책, 196쪽

6. 피터 린치·존 로스차일드, 앞의 책, 217쪽

7. 피터 린치·존 로스차일드, 앞의 책, 43쪽

8. 피터 린치·존 로스차일드, 앞의 책, 66쪽

9. 피터 린치·존 로스차일드, 앞의 책, 22쪽

4장

1. 조엘 그린블라트, 《주식시장을 이기는 작은 책》, 안진환 옮김, 알키, 2011, 128쪽

2. 조엘 그린블라트, 앞의 책, 109쪽

3. 조엘 그린블라트, 앞의 책, 23쪽

4. 조엘 그린블라트, 앞의 책, 28쪽

5. 조엘 그린블라트, 앞의 책, 217쪽

6. 조엘 그린블라트, 앞의 책, 205쪽

5장

1. 데이비드 드레먼, 《데이비드 드레먼의 역발상 투자: 버블과 패닉, 높은 변동성에서도 이익을 얻는 법》, 신가을 옮김, 백승우 감수, 이레미디어, 2017, 385~387쪽

2. 데이비드 드레먼, 앞의 책, 77쪽

3. 데이비드 드레먼, 앞의 책, 355쪽

4. 데이비드 드레먼, 앞의 책, 123쪽

5. 데이비드 드레먼, 앞의 책, 58쪽

6. 데이비드 드레먼, 앞의 책, 118쪽

7. 데이비드 드레먼, 앞의 책, 400쪽

8. 데이비드 드레먼, 앞의 책, 126~127쪽

6장

1. 켈리 라이트, 《절대로! 배당은 거짓말하지 않는다》, 홍춘욱 · 한지영 옮김, 리딩리더, 2013, 57쪽

2. 켈리 라이트, 앞의 책, 35쪽

3. 켈리 라이트, 앞의 책, 88쪽

4. 켈리 라이트, 앞의 책, 124쪽

5. 켈리 라이트, 앞의 책, 130 · 149쪽

6. 켈리 라이트, 앞의 책, 38~52쪽

7. 켈리 라이트, 앞의 책, 124쪽

8. 켈리 라이트, 앞의 책, 161쪽

7장

1. 데이비드 스웬슨, 《포트폴리오 성공 운용》, 김경록 · 이기홍 옮김, 미래에 셋투자교육연구소, 2010, 517쪽

2. 데이비드 스웬슨, 앞의 책, 100쪽

3. 데이비드 스웬슨, 앞의 책, 104쪽

4. 데이비드 스웬슨, 앞의 책, 107~109쪽

5. 데이비드 스웬슨, 앞의 책, 96쪽

6. 레이 달리오, 《원칙》, 고영태 옮김, 한빛비즈, 2018, 9쪽

7. 레이 달리오, 앞의 책, 72쪽

8. 데이비드 스웬슨, 앞의 책, 119 · 195쪽

9. 데이비드 스웬슨, 앞의 책, 220쪽

8장

1. 게리 안토나치, 《듀얼 모멘텀 투자 전략: 뜨는 종목을 잡아내는 과학적 주식 투자 기법》, 서태준 · 강환국 옮김, 신진오 감수, 에프엔미디어, 2018, 122쪽
2. 게리 안토나치, 앞의 책, 211~213쪽

9장

1. 에드윈 르페브르, 《어느 주식투자자의 회상: 월스트리트의 주식투자 바이블》, 박성환 옮김, 이레미디어, 2010, 193쪽
2. 에드윈 르페브르, 앞의 책, 130쪽
3. 에드윈 르페브르, 앞의 책, 130쪽
4. 에드윈 르페브르, 앞의 책, 107쪽
5. 에드윈 르페브르, 앞의 책, 60 · 307쪽

10장

1. 윌리엄 J. 오닐, 《최고의 주식 최적의 타이밍: 윌리엄 오닐의 실전 투자 전략》, 박정태 옮김, 굿모닝북스, 2012, 13 · 16쪽
2. 윌리엄 J. 오닐, 앞의 책, 130쪽
3. 윌리엄 J. 오닐, 앞의 책, 303 · 307쪽
4. 윌리엄 J. 오닐, 앞의 책, 312~315쪽

참고문헌

강영연 외, 《버핏클럽 issue 2》, 에프엔미디어, 2019

게리 안토나치, 《듀얼 모멘텀 투자 전략: 뜨는 종목을 잡아내는 과학적 주식 투자 기법》, 서태준·강환국 옮김, 신진오 감수, 에프엔미디어, 2018

대니얼 피켓·코리 렌, 《워런 버핏 라이브: 버크셔 해서웨이 주주총회 33년간의 Q&A 지상 중계》, 이건 옮김, 신진오 감수, 에프엔미디어, 2019

데이비드 드레먼, 《데이비드 드레먼의 역발상 투자: 버블과 패닉, 높은 변동성에서도 이익을 얻는 법》, 신가을 옮김, 백승우 감수, 이레미디어, 2017

데이비드 스웬슨, 《포트폴리오 성공 운용》, 김경록·이기홍 옮김, 미래에셋투자교육연구소, 2010

레이 달리오, 《원칙》, 고영태 옮김, 한빛비즈, 2018

스티그 브라더선·프레스턴 피시, 《벤저민 그레이엄의 현명한 투자자: 정말 읽기 쉬운 핵심 요약판》, 이건 옮김, 신진오 감수, 북돋움, 2015

에드윈 르페브르, 《어느 주식투자자의 회상: 월스트리트의 주식투자 바이블》, 박성환 옮김, 이레미디어, 2010

윌리엄 J. 오닐, 《최고의 주식 최적의 타이밍: 윌리엄 오닐의 실전 투자 전략》, 박정태 옮김, 굿모닝북스, 2012

잭 슈웨거, 《시장의 마법사들: 최고의 트레이더들과 나눈 대화》, 임기홍 옮김, 이레미디어, 2008

제레미 밀러, 《워런 버핏, 부의 기본 원칙: 워런 버핏의 오늘을 만든 투자의 기본》, 이민주 옮김, 북하우스, 2019

조엘 그린블라트, 《주식시장을 이기는 작은 책》, 안진환 옮김, 알키, 2011

켈리 라이트, 《절대로! 배당은 거짓말하지 않는다》, 홍춘욱 · 한지영 옮김, 리딩
리더, 2013

프레더릭 반하버비크, 《초과수익 바이블: 100년을 관통하는 세계적 대가들
의 주식투자 절대 원칙》, 이건 · 서태준 옮김, 신진오 감수, 에프엔미디어,
2017

피터 린치 · 존 로스차일드, 《전설로 떠나는 월가의 영웅: 주식투자에서 상식으
로 성공하는 법》, 이건 옮김, 국일증권경제연구소, 2017

주식, 나는 대가처럼 투자한다

한 권으로 익히는 월가의 전설 10명의 투자원칙과 실제 활용방법

주식, 나는 대가처럼 투자한다

제1판 1쇄 발행 | 2020년 9월 21일
제1판 2쇄 발행 | 2020년 10월 13일

지은이 | 강영연 · 최재원
펴낸이 | 손희식
펴낸곳 | 한국경제신문 한경BP
책임편집 | 김종오
교정교열 | 공순례
저작권 | 백상아
홍보 | 서은실 · 이여진 · 박도현
마케팅 | 배한일 · 김규형
디자인 | 지소영
본문디자인 | 디자인 현

주소 | 서울특별시 중구 청파로 463
기획출판팀 | 02-3604-590, 584
영업마케팅팀 | 02-3604-595, 583   FAX | 02-3604-599
H | http://bp.hankyung.com   E | bp@hankyung.com
F | www.facebook.com/hankyungbp
등록 | 제 2-315(1967. 5. 15)

ISBN 978-89-475-4631-7 03320

책값은 뒤표지에 있습니다.
잘못 만들어진 책은 구입처에서 바꿔드립니다.